RMANDIE
Le Tréport
Varengeville
Veules-les-R
Saint-Valéry-en-Caux
Paluel (Centrale EDF)
Veulettes-sur-Mer
Fécamp
Cany
Étretat
PAYS de CAUX
PAYS DE BRAY
Yvetot
Lin
Antifer
(Port Pétrolier)
Clères (Parc Zoologique)
Neufchâtel
Ste-Adresse
Forges-les-Eaux
Saint-Wandrille
VEXIN
LE HAVRE
Villequier
Lillebonne
Jumièges
Gournay-en-Bray
Honfleur
Pont de Tancarville
Trouville-Deauville
Corneville
ROUEN
abourg
Pont-l'Évêque
Le Bec-Hellouin
Pont-Audemer
Château de
Robert le Diable
Château Gaillard
Gisors
CALVADOS
Louviers
Beaumesnil
PAYS D'AUGE
Lisieux
Le Neubourg
EVREUX
Bernay
Livarot
PAYS d'OUCHE
Vimoutiers
Camembert
Verneuil
Nonancourt
l'Aigle
CALVADOS
Le Haras du Pin
CRÊME
PERCHE
crème
ALENÇON
Manoirs du Perche

**Bildquellen:**

Ali Press Agency Ltd, Bruxelles: 50.1 – A. P. E. I., Paris: 70.1,2 – Atelier livres B. P. Jeune, Paris: 39; 40; 41.3; 90; 91 – Dr. Michael Baumann, Leimen: 58.3 – Geneviève Calbris, Paris: 85.1–4 – J. R. Caoudal, Quimper: 18.1,2; 22.1,2; 25.3 – J. Allan Cash Ltd., London: 37 – C. E. D. R. I., Paris: 45.1; 51.1 – Jean-Loup Charmet, Paris: 13.2 – Comité départemental de Tourisme du Loiret, Orléans: 77.1 – Jean Dubout, Paris: 82.1; 83.1 – Photo Ellebé, Rouen: 8.1 – Explorer, Paris: 9.4; 19.2; 48.3; 66.2; 82.3; 95.1 – Gamma, Paris: 60.1; 64.1; 67.1,2; 71.1,2 – Jean Paul Gauer, Paris: 38 – Gebhardt und Lorenz, Stuttgart-Korntal: 18; 19; 37 – Photographie Giraudon, Paris: 15.1; 93.1 – Edition la „goélette“, Paris: 8.5 – Editions Normandes Le Goubey, Caen: 8.4 – Fondation Dina Gray, Orléans: 96.1 – Dr. Rudolf Hildebrandt, Stuttgart: 21.1; 53.1; 66.4 – Max Hueber Verlag, Ismaning: 66.3 – Klett-Archiv: 47.1,2 – Magnum, Paris: 81.3 – Bildagentur Mauritius, Mittenwald: 74 und 75 – Publications Groupes Media, Paris: 41.2 – Photo-Ciné-Jumelles S. à r. l., Le Merdy, Concarneau: 81.1 – L'union des Editions Modernes S. à r. l., Paris: 41.1 – Eugen Münzing, Renningen: 42.1; 84.1–4 – Musée Eugène Boudin, (J. M. Schuller), Honfleur: 9.3 – Photographie Guy Poupard, Paris: 94.1 – Publi Graphy, (Noël Guiriec), Sierre: 19.1; 25.1 – Rapho, Paris: 8.2; 9.1,2; 25.2; 33.3; 48.1,2; 69.1; 81.2; 92.1 – Jean Ribière, Perpignan: 66.1; 72.1; 82.2,4; 95.1a – Hermann Rolinger, Neuhäusel: 27.1 – Vloo, Paris: 15.4; 18.3; 19.3; 48.4 – Volksbund Deutscher Kriegsgräberfürsorge e.V., Kassel: 8.3

Etudes Françaises

# Echanges 3

Edition longue

Herausgegeben von

Bernd Grunwald,
Monique und Reinhard Lamp,
Guy Renaud,
Hermann Rolinger

Ernst Klett Schulbuchverlag
Stuttgart Düsseldorf Berlin Leipzig

# Etudes Françaises

## Echanges

### Edition longue 3


**Herausgegeben von**

Bernd Grunwald, Remagen;
Monique und Reinhard Lamp, Hamburg;
Guy Renaud, Dijon;
Hermann Rolinger, Koblenz;

**Weitere Mitarbeit:**

Monika Beutter, Esslingen; Michel Boiron, Berlin; Dr. Günter Freitag, Münster;
Dr. Alfred Göller, Stuttgart; Dr. Volkhard Heinrichs, Düsseldorf;
Lothar Kaup, Germering/München.


**Begleitende Tonträger zu diesem Band:**

- *1 Compact-Cassette für den Schüler* mit Lektionstexten, Gedichten und Liedern. Beide Seiten besprochen, Klettnummer 52297.
  Lieferung durch jede Buchhandlung oder, wo dies auf Schwierigkeiten stößt, zuzüglich Portokosten per Nachnahme vom Verlag.
- *1 Compact-Cassette für den Lehrer* mit Hörverstehenstexten und Versprachlichung der Bildgeschichten. Beide Seiten besprochen, Klettnummer 522971.
  Lieferung direkt an Lehrer, Schulstempel erforderlich.


Gedruckt auf Papier aus chlorfrei gebleichtem Zellstoff, säurefrei.

2. Auflage 2 18 17 | 1999 98

Alle Drucke dieser Auflage können im Unterricht nebeneinander benutzt werden, sie sind untereinander unverändert. Die letzte Zahl bezeichnet das Jahr dieses Druckes.

(Die 1. und die 2. Auflage sind identisch bis auf die Seiten 20 und 111. Grund der Änderungen ist die Vereinigung Deutschlands.)





Redaktion: Gérard Hérin, Dr. Rudolf Hildebrandt, Christine Konietzko, Verlagsredakteure

Umschlag: Gebhardt + Lorenz, Korntal
Illustrationen: Herbert Horn, München
Kartographie: PUB-INFOS, Rouen (nur Innenumschlag vorne); Karl-F. Harig Verlag, Reinheim
Druck: Eberl GmbH, Immenstadt. Printed in Germany.
ISBN 3-12-522910-3

# Inhaltsverzeichnis



* Es werden bei jeder Lektion nur die wichtigsten kommunikativen Ziele der Texte bzw. der Übungen *(E)* aufgeführt. Das Lehrerbuch (Klettnummer 52293) gibt eine vollständige Übersicht und nennt die entsprechenden Redemittel.

**W = Wiederholung

[ ] = Die in rechteckigen Klammern stehenden grammatischen Inhalte können in Bundesländern, in denen diese Lernziele für das 3. Lernjahr nicht vorgesehen sind, als fakultativ behandelt werden.

## ‹Annexe›

Die Teile des *Annexe* können nach der jeweils angegebenen Lektion behandelt werden.



Die Texte, auf die sich die Hörverstehensaufgaben beziehen, sind auf der Lehrercassette (Klettnummer 522971) und im Lehrerbuch (Klettnummer 52293) verfügbar.



*Zeichenerklärung*

Es empfiehlt sich, die Übung auch schriftlich durchzunehmen.
§§ Die bei den Übungen genannten Paragraphen verweisen auf das Grammatische Beiheft.
[S] Auf Schülercassette (Klettnummer 52297) verfügbare Stücke.
[L] Auf Lehrercassette (Klettnummer 522971) verfügbare Stücke.
[ ] Die in den rechteckigen Klammern stehenden grammatischen Inhalte können in Bundesländern, in denen diese Lernziele für das 3. Lernjahr nicht vorgesehen sind, als fakultativ behandelt werden.
‹ › Annexe und die Stücke in Winkelklammern sind fakultativ.

Leçon 1

# A la découverte de la Normandie

Rouen: la place du Vieux-Ma

Le Mont-St-Michel

Un cimetière militaire

La Tapisserie de Bayeux

Etretat: les falaises

Le Havre: le port

Une ferme normande

Honfleur: tableau de Roland Oudot

Deauville: la plage

## 3. Une promenade en ville (§ 1)

a) *Lisez le texte.*

Samedi 14 août. Les Ravel se lèvent vers 9 heures. Ils se préparent un bon petit déjeuner, puis ils se disent: «On va faire une promenade en ville.»
Ils se rendent dans le centre. D'abord, Mme Ravel s'achète une crêpe. Ensuite, M. et Mme Ravel regardent les vitrines. A un moment, Mme Ravel s'arrête devant un magasin de vêtem
Dans la vitrine, elle voit une jupe très chic. Mais quand elle voit le prix, elle se demande: «J'entre ou je n'entre pas?» Les Ravel entrent quand même. Dans le magasin, M. Ravel dit: «Moi, les vêtements pour dames, ça ne m'intéresse pas!» Puis, il s'assoit dans un fauteuil et il se met à lire le journal. Mme Ravel essaie la jupe. Mais quand elle se regarde, elle se m à rire et elle se dit: «Non, elle ne me va pas du tout!»
Après, M. et Mme Ravel se rendent dans un magasin de sport. Mme Ravel s'offre une raquette de tennis. Son mari dit: «Moi, je peux prendre la raquette de mon frère: il ne s'en jamais.» Puis, ils vont dans un club de tennis et ils s'inscrivent à un cours.

b) Lundi 16 août. Mme Ravel raconte à une amie:
Samedi, **nous nous sommes** lev**és** vers 9 heures. Nous nous sommes prépar**é un bon petit déjeuner,** puis nous nous sommes dit: **«…»** … *Continuez. Attention à l'accord du participe pas.*

## 4. Un peu de géographie

a) *Regardez la carte de France, page 146.*
*Faites des dialogues. Exemple:*

- Où se trouve Marseille?
- Marseille? C'est **dans le sud** (le midi) de la France, à 774 km **au sud** de Paris.
- Et Clermont-Ferrand?
- C'est **dans le centre** de la France, à 388 km **au sud** de Paris.

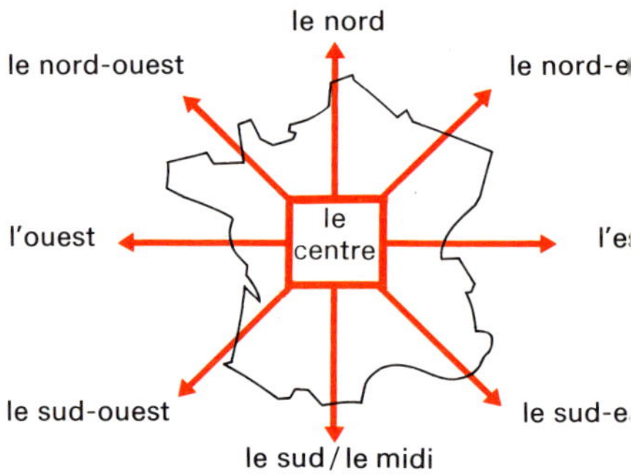


Où se trouvent Lille *(218 km),* Toulouse *(679 km),* Strasbourg *(457 km),* Brest *(580 km),* Grenoble *(569 km),* Bordeaux *(557 km),* Limoges *(374 km),* Rouen *(123 km)*?

b) *Continuez. Posez des questions à vos camarades sur les régions et montagnes françaises que vous connaiss*

c) *A vous.*
*Tu dis à un Français où tu habites. Exemple:*
J'habite à Heilbronn. C'est dans le sud de l'Allemagne, à 40 km au nord de Stuttgart.
*Tu lui dis ensuite où habite ton oncle / habitent tes grands-parents / …*

## Histoire pour rire

Un soir, quand il rentre à sa ferme, le père Mathieu voit un garçon sur un de ses pommiers.
Mathieu devient rouge de colère et crie: «Dis donc, toi, descends tout de suite, ou je vais dire deux mots à ton père.»
Alors, le garçon lève la tête et dit: «Papa, descends. Il y a quelqu'un en bas qui veut te parler.»

*un pommier:* un arbre qui donne des pommes (il y en a beaucoup en Normandie)

# Leçon 2

# La Normandie au Moyen Age

Curieusement, au 12e siècle, la Normandie n'appartenait pas au roi de France, mais au roi d'Angleterre. Pour expliquer cette situation, il faut parler des Vikings.
Trois siècles avant – la première fois en 820 –, ces hommes du Nord (d'où leur deuxième nom: «les Normands») étaient venus en France avec de grands bateaux. Par la Seine, ils étaient allés jusqu'à Paris. En 845, ils avaient même pris la ville. Pour rendre la paix au pays, le roi de France avait donné aux Normands la région qui, aujourd'hui, porte leur nom («la Normandie»). Ensuite, en 1066, Guillaume, duc de Normandie, avait débarqué en Angleterre avec 800 bateaux et une grande armée. Après la bataille de Hastings, les Normands s'étaient installés en Angleterre et Guillaume le Conquérant était devenu roi de ce pays. Depuis ce temps, donc, les ducs de Normandie étaient également rois d'Angleterre. Cela, bien sûr, ne plaisait pas du tout aux Français.
En 1180, Philippe Auguste est devenu roi de France. Il s'est mis dans la tête de reprendre la Normandie aux Anglais.
Le roi d'Angleterre était alors Richard Cœur de Lion. Pour empêcher les Français d'entrer en Normandie par la Seine, il a bâti, entre Paris et Rouen, une énorme forteresse: Château-Gaillard.
3 000 ouvriers y ont travaillé pendant deux ans. En 1198, les travaux étaient finis. Naturellement, Philippe Auguste était très inquiet. Château-Gaillard lui posait vraiment de gros problèmes. Alors, il a demandé à Richard Cœur de Lion de lui montrer la forteresse. Richard a dit oui et il a invité le roi de France à visiter Château-Gaillard. Quand Philippe Auguste a vu cet énorme château, il s'est dit: «Cette forteresse ne va pas être facile à prendre.»

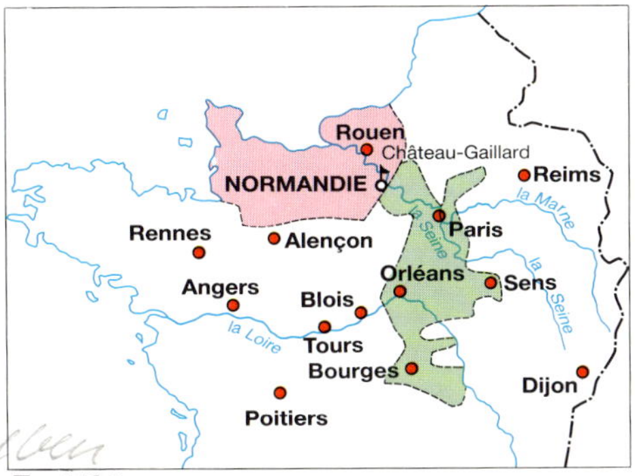


*En 1180*

- *domaine du roi d'Angleterre*
- *domaine du roi de France*

*Château-Gaillard au 13e siècle*

# 2

## A 1. La bataille de Hastings *Mettez le texte au passé. Imparfait ou passé composé?*

Quand, en 1066, Guillaume, duc de Normandie, débarque en Angleterre, il n'y a pas de soldats anglais sur la côte. Le roi Harold se trouve, avec son armée, dans le nord du pays, où il fait la guerre au roi de Norvège. Ce dernier veut, comme Guillaume, devenir roi d'Angleterre. Quand Guillaume pose le pied sur la terre anglaise, il tombe. «C'est mauvais signe!», disent alors les soldats normands. Mais le duc de Normandie leur montre les pierres qu'il a dans les mains et leur dit: «Regardez, j'ai déjà l'Angleterre dans mes mains.» Pendant que Guillaume et ses hommes s'installent près de Hastings, Harold apprend la nouvelle du débarquement des Normands. Après la bataille contre le roi de Norvège, les soldats anglais sont très fatigués. Mais comme Harold ne veut pas perdre de temps, il se met tout de suite en route pour Hastings, à la tête de son armée. Quand ils arrivent là-bas, les soldats anglais sont encore plus fatigués qu'avant et, donc, très mal préparés à la bataille. La bataille commence tout de suite. Elle est très dure pour les Anglais, mais aussi pour les Normands. Dans l'après-midi, la situation devient très mauvaise pour les Anglais. A un moment, un soldat du duc de Normand arrive à tuer Harold. Les Anglais perdent la bataille et Guillaume devient roi d'Angleterre.

## 2. Le jeu des questions (§ 3)

*Jeanne Lemaître te raconte comment elle passait ses journées à Merlette. Après chaque phrase qu'elle dit, tu lui poses une question au plus-que-parfait. Elle doit te répondre. Jouez.*

a) *Exemple:* – A 8 heures, nous **prenions** notre petit déjeuner.
– Et quand vous **aviez pris** votre petit déjeuner?
– Quand nous **avions pris** notre petit déjeuner, nous …

1. remonter dans sa chambre
2. mettre ses vêtements de ski
3. descendre à la cave
4. prendre ses skis
5. aller à la station
6. faire du ski de piste
7. rentrer à la ferme
8. aider à préparer le repas
9. déjeuner
10. boire le café
11. dormir un moment
12. *Continuez.*

b) *Refaites l'exercice. Employez* je *à la place de* nous.

## 3. En Normandie (§ § 1, 3) a) *Racontez; employez le présent et le passé composé. Exemple:*

Les trois jeunes *(commencer)* leur excursion à Rouen. Ils *(se rendre)* là-bas par le train. ⟶
Les trois jeunes **commencent** leur excursion à Rouen. Ils **se sont rendus** là-bas par le train.

1. Ils *(visiter)* le port de Rouen. Jean-Marc *(lire)* un livre sur ce grand port.
2. Le 20 août, ils *(arriver)* à Etretat. Jean-Marc *(ne pas y aller)* depuis deux ans.
3. Le lendemain, ils *(quitter)* Etretat à midi. Annick *(se lever)* très tard.
4. Le 22 août, ils *(visiter)* Honfleur. Le grand-père de Jean-Marc leur *(donner)* un plan de la
5. Dans le Calvados, ils *(s'arrêter)* dans une ferme: il *(se mettre à)* pleuvoir.
6. Près de Caen, ils *(rencontrer)* de jeunes Anglais: ils *(arriver)* en France trois jours avant.
7. Au cimetière de La Cambe, Jean-Marc *(discuter)* avec un jeune Allemand: ce dernier *(ven* en Normandie pour s'occuper des tombes.
8. Le lendemain de la visite du Mont-St-Michel, ils *(prendre)* le train pour Paris: ils *(promettre)* à leurs parents de rentrer le 31 août.

b) *Maintenant, racontez au passé. Exemple:*
Les trois jeunes gens **ont commencé** leur excursion à Rouen. Ils **s'étaient rendus** …

# Le siège de Château-Gaillard

Un an après la construction de Château-Gaillard, Richard Cœur de Lion est mort, et son frère, Jean sans Terre, est devenu roi d'Angleterre.
Quatre ans plus tard, en août 1203, Philippe Auguste a commencé le siège de la forteresse. Les hommes du roi de France se sont installés devant le château.
Ils ont bâti des tours en bois pour lancer de grosses pierres contre les murs. Mais comme les murs étaient très solides, les Français ne sont pas arrivés à entrer dans le château.
Puis, l'hiver est venu. Philippe Auguste savait que les Normands avaient encore à manger pour un an.
Mais le siège continuait …
Un jour, un soldat français, Bogis, a fait une découverte intéressante. Dans un des murs du château, il y avait une petite fenêtre, et cette fenêtre n'était jamais gardée. Alors, Bogis a eu une idée …
Les Français ont encore attendu quelques jours. Puis, un soir, Bogis et quatre hommes sont montés jusqu'à la fenêtre. Il faisait très sombre et il y avait du brouillard. Les cinq hommes ont pu entrer dans le château par la fenêtre, sans faire de bruit. Personne ne les avait vus, personne ne les avait entendus.
Et là, ils ont été très surpris. Ils se sont retrouvés … dans les latrines du château! Les Normands avaient simplement oublié de garder la fenêtre des latrines.
Ensuite, les cinq soldats français se sont mis à faire un bruit énorme. Les Normands se sont dit:
«Ça y est, toute l'armée française est entrée dans le château!» Et comme ils étaient peu nombreux, ils ont eu peur. Vite, ils ont couru vers la grande tour de la forteresse. Alors, Bogis et ses camarades ont ouvert les portes du château aux autres soldats français.
Quelques heures plus tard, la bataille était finie.
Dans la forteresse, il restait 180 Normands.
Les Français ont alors tué la plus grande partie de ces soldats.
Trois mois après, Rouen est tombé aux mains de Philippe Auguste et la Normandie est redevenue française.

*Philippe Auguste, roi de France*

*Château-Gaillard aujourd'hui*

## B 1. Reparlons du texte.

a) *Reparlons du texte 2 A:* Dites pourquoi ...
1. le roi de France a donné la Normandie aux Vikings;
2. les ducs de Normandie étaient également rois d'Angleterre;
3. Richard Cœur de Lion a bâti Château-Gaillard;
4. Philippe Auguste était très inquiet.

b) *Reparlons du texte 2 B:* Faites le plan du texte et trouvez un titre pour chaque partie.
*Exemple:* Première partie (lignes 1–10):
Le siège de Château-Gaillard commence.

c) *Relisez les textes 2 A (lignes 24–42) et 2 B. Relevez les mots clés.*
Tu es en Normandie chez ton copain / ta copine français(e). Un jour, tu vas visiter Château-Gaillard avec lui / elle et ses parents.
En route, tu leur racontes ce que tu sais sur ce château.
*(Pour raconter, sers-toi des mots clés).*

*La Normandie n'a pas oublié Guillaume le Conquérant.*

## 2. Chez Mme Duval (§ 4)

Stéphane Duval a une nouvelle copine: Mireille Rousseau. La mère de Stéphane a invité Mme Rousseau à déjeuner. *Complétez par des adverbes. Exemple:*

> *Mme Rousseau:* ~ Je crois que Mireille est très *amoureuse* de Stéphane.
> *Mme Duval:* – Oui, c'est vrai. Quand elle est avec lui, elle le regarde toujours **amoureusement.**

1. – C'est *curieux.* Elle, elle s'intéresse à beaucoup de choses, et lui, il pense seulement à sa mobylette.
   ~ Oui, mais ..., ils passent toutes leurs soirées ensemble.
2. – Pendant les vacances, ils vont faire une *longue* excursion en mobylette.
   ~ Oui, je sais. Ils veulent aller en Normandie. Hier, ils en ont parlé ... au téléphone.
3. – Bon. Eh bien, maintenant, on va manger. J'ai préparé un repas *léger.* Ça vous va?
   ~ Oui, j'aime bien manger ....
4. ~ Hmm! elle est bonne, cette salade. Dites, elle ne doit pas être *facile* à faire.
   – Si, on peut la faire très .... Attendez, je vais vous donner la recette.
5. ~ Au fait, ce qu'on raconte sur Jacques, le copain de votre fils, ce n'est pas vrai. Il sait être très *agréable,* quand il veut.
   – Oui. Hier, par exemple, j'ai discuté avec lui. Eh bien, il m'a ... surprise.
6. – Le repas était bon?
   ~ Oui, oui.
   – C'était un repas très *simple.* Vous savez, nous vivons ....
7. ~ Votre salle de séjour est très *jolie.*
   – Vous trouvez?
   ~ Oui. Et votre appartement est très ... installé.
8. ~ Bon. Maintenant, je dois partir.
   – C'est *vrai*? Vous voulez déjà partir?
   ~ Oui, .... Je recommence à travailler à 3 heures.

### 3. Richard Cœur de Lion et Philippe Auguste (§ 5)

*Adjectif ou adverbe? Complétez.*

| | |
|---|---|
| 1. Richard Cœur de Lion était un homme de guerre qui aimait vivre .... Pour le roi de France, il était un voisin très .... | *dangereux* |
| 2. En 1194, Richard est rentré d'un ... voyage. Pendant ce voyage, il avait ... réfléchi à la construction d'une forteresse au bord de la Seine. | *long* |
| 3. Pour bâtir cette ... forteresse, 3 000 ouvriers ont travaillé jour et nuit pendant deux ans. Ils ont dû travailler très .... Pendant ces deux ans, leur vie a été très .... | *nouveau*<br>*dur* |
| 4. Château-Gaillard ne paraissait pas très .... Mais les appartements du roi étaient ... installés. | *confortable* |
| 5. Quand Philippe Auguste a appris que Richard avait bâti la forteresse, il a d'abord été très inquiet. Puis, il a réfléchi ... à une solution .... | *calme, possible* |
| 6. Ensuite, il a ... demandé à Richard de lui montrer Château-Gaillard. | *froid* |
| 7. Quand Philippe Auguste a vu la forteresse, il s'est dit: «Richard va pouvoir ... nous empêcher d'entrer en Normandie. | *facile* |
| 8. Et puis, le château est bâti ...; les murs paraissent être très .... Cette forteresse, nous n'allons pas pouvoir la prendre .... » | *solide*<br>*facile* |

### 4. A vous. Lisez, expliquez, discutez.

Dans un livre sur les auberges de jeunesse en France, on peut voir:

- auberge de jeunesse
- auberge simple
- petit déjeuner
- douches
- cuisine
- On accepte les groupes.
- gare la plus proche
- auberge de jeunesse ouverte du ... au ...
- H horaire d'ouverture
- nombre de places

a) *Essayez de comprendre les légendes. (proche de la gare:* qui est près de la gare)

b) *Maintenant, décrivez l'auberge de jeunesse de Rouen.*

| | | |
|---|---|---|
| **Rouen**<br>17, rue Diderot<br>76 100 Rouen<br>(35) 72.06.45 | 1-1 / 31-12 | ROUEN<br>2 km |
| | H 7.30-10 / 17-23 | 135 |

c) Vous êtes à l'auberge de jeunesse de Bayeux. Vous discutez avec de jeunes Français. Vous et les Français, vous dites de quel pays et de quelle ville vous êtes, quel âge vous avez, combien de temps vous allez rester en Normandie, ce que vous avez déjà visité, ce que vous allez faire le lendemain, si vous aimez la Normandie, si vous connaissez d'autres régions de France, etc. *Formez des groupes. Préparez les dialogues. Jouez.*

# Leçon 3

## A Concarneau

Un groupe de jeunes Suisses est assis dans le rapide Paris-Quimper. Ce sont quinze élèves qui font un échange avec un collège de Concarneau. Ils sont partis hier matin de Berne, ils ont passé l'après-midi et la nuit à Paris, et maintenant, ils roulent vers

La Bretagne est – et a toujours été – le pays de la pêche. Quand on regarde la carte, on a vite compris pourquoi: elle a plus de 1000 km de côtes, autant que la Corse, plus que les autres régions de France. On y trouve un grand nombre de ports de pêche, comme St-Malo, Lorient et Concarneau.

La vieille ville de Concarneau est située sur une petite île qui est entièrement fortifiée. Ses vieux murs du $14^{e}$ siècle contrastent avec le port qu'on a modernisé systématiquement. Aujourd'hui, c'est le premier port de pêche breton (et le deuxième de France, après Boulogne-sur-Mer).

la Bretagne. Ils ont encore 300 km à faire avant d'arriver. Leur professeur vient de leur donner un livre sur les ports bretons. Walter Haffner, qui sait très bien parler le français (sa mère est de Genève), lit le texte à ses camarades.

Curieusement, c'est la nuit qu'il y a le plus d'activité dans le port de Concarneau. A minuit, les grands bateaux commencent à décharger. Sur le quai, en face de chaque bateau, il y a une longue table où plusieurs femmes sont occupées à trier les poissons. Elles les lancent dans des cageots qu'elles ont posés derrière elles: merlans ici, maquereaux là; les gros à gauche, les petits à droite – et le tout sans même tourner la tête. Après avoir trié les poissons, les femmes rentrent chez elles, fatiguées et les mains gelées. Vers trois heures du matin, on vend les poissons à la criée: «3500 F ... 3520 ... 30 ... 35, une fois, deux fois, trois fois, vendu à M. Le Goffic!» Une bonne partie des poissons va dans les conserveries qu'on a construites dans la région et où travaillent surtout les filles et les femmes des pêcheurs.

Mais on vient aussi de toute la France acheter le poisson à Concarneau. Lorsque les routiers ont fini de charger leurs camions, tôt le matin, ils repartent tout de suite, pour ne pas perdre de temps. Le lendemain déjà, on peut acheter ce poisson à Poitiers, à Paris et à Lyon.

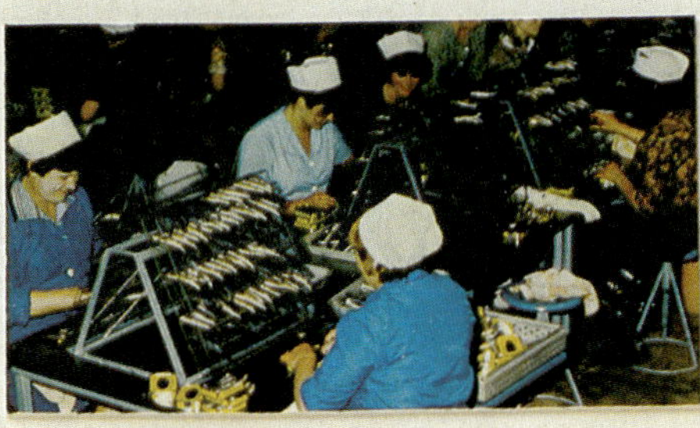

# 3

## A 1. Reparlons du texte.

1. Dites ce que vous savez sur les élèves suisses.
2. Pourquoi est-ce qu'on peut dire que la Bretagne est le pays de la pêche?
3. Décrivez Concarneau.
4. Où va le poisson de Concarneau?
5. Le texte nous parle de plusieurs personnes qui travaillent «dans le poisson». Quelles sont ces personnes? Parlez de leurs métiers.

## 2. Comparons. (§ 6)

| *Consommation en kg / litres par personne et par an:* | *viande* | *poisson* | *œufs* | *pommes de terre* | *fromage* | *bière* | *vin* |
|---|---|---|---|---|---|---|---|
| France | 68 | 9 | 15 | 84 | 17 | 44 | 103 |
| Allemagne | 68 | 4 | 17 | 96 | 13 | 147 | 23 |
| Grande-Bretagne | 60 | 8 | 15 | 99 | 6 | 114 | 5,3 |

a) *Commentez le tableau. Exemple:* En France, on mange 68 kg de viande par an et par personne.

b) *Faites des dialogues. Employez* autant / plus / moins de ... que .... *Exemple:*
– Est-ce que les Français mangent **moins de** viande **que** les Allemands?
– Non, ils **en** mangent **autant.**

c) – Qui est-ce qui mange / boit **le moins de** ... / **le plus de** ... ?
– C'est / Ce sont ... qui **en** mangent / boivent **le moins / le plus.**

## 3. M. Perrier lit une annonce à sa femme. (§ 6)

a) *Complétez le texte.*

**Vous voulez acheter une nouvelle voiture? Prenez la DELTA 2000 GT**

| | plus/moins<br>autant<br>aussi | | que<br>de | |
|---|---|---|---|---|
| 1. Elle est encore | | rapide | | la DELTA 2000. |
| 2. Elle peut rouler à | | | | 185 km à l'heure. |
| 3. Elle prend les virages | | bien | | une voiture de sport. |
| 4. Mais elle fait | | | | bruit. |
| 5. Et il ne lui faut pas | | | | 5 litres aux 100 km. |
| 6. Vous y avez | | de confort | | en première classe. |
| 7. Elle n'est pas beaucoup | | chère | | la DELTA 2000. |
| 8. Elle ne coûte pas | | | | 75000 F. |

| | | | | |
|---|---|---|---|---|
| 9. Oh! je ne connais rien d' | | bête | | ces voitures rapides! |
| 10. On n'a pas le droit de rouler à | | | | 130 sur les autoroutes. |
| 11. Et en ville, les voitures sont souvent | | rapides | | les vélos. |

b) *A vous.* Est-ce que vous êtes pour ou contre les voitures rapides? *Discutez.*

## 4. Dialogue (§ 8)

*L'exercice vous montre la place des adverbes. Complétez. (Attention: il y a, quelquefois, deux possibilités.)*
Les élèves suisses sont partis de Berne, il y a quelques heures. A Dijon, une dame monte dans leur wagon.

| | |
|---|---|
| 1. – Bonjour. Est-ce que c'est réservé … ? | } *ici* |
| – Oui, madame. …, c'est réservé, …. | |
| Mais vous pouvez vous asseoir …. | *là* |
| 2. – Vous êtes Suisses? | |
| – Oui, nous sommes de Berne. | |
| Nous sommes partis …. | *ce matin* |
| …, nous allons en Bretagne, …. | *demain* |
| Nous faisons un échange avec un collège de Concarneau. | |
| 3. – Ah oui? Mon fils a … fait des échanges avec un collège allemand. | *déjà* |
| 4. – Il a … profité de ses séjours en Allemagne. | *beaucoup* |
| 5. – Il a … employé … les mots qu'il venait d'apprendre. | *systématiquement* |
| Comme ça, il a … appris … à parler l'allemand. | *facilement* |
| 6. – …, il n'y avait pas d'échanges quand j'étais jeune. | *malheureusement* |
| …, on ne pouvait pas aller en Allemagne ou dans d'autres pays. | *alors* |

## 5. Walter écrit son journal. (§ 8)

*Complétez par les adverbes. Mettez-les à leur place dans la phrase. Vous savez qu'il y a, quelquefois, plusieurs possibilités. (Attention: dans cette liste, il y a aussi des adjectifs que vous devez d'abord transformer en adverbes.)*

| | |
|---|---|
| 1. *hier* | Nous sommes arrivés à Paris. |
| 2. *aujourd'hui* | Nous allons partir à Concarneau. |
| 3. *maintenant* | Nous sommes assis dans un café, près de la gare Montparnasse. |
| 4. *ici* | Nous avons bu une limonade. |
| 5. *tout à l'heure* | Nous allons prendre le train. |
| 6. *déjà* | Moi, j'avais vu Paris, mais pas mes copains. |
| 7. *alors* | Nous avons visité la ville. |
| 8. *bon* | On a remis en état les vieilles maisons, en face du centre Pompidou. |
| 9. *systématique* | Notre prof s'est arrêté devant chaque église. |
| 10. *égal* | Et nous l'avons fait devant les stands de crêpes. |
| 11. *long* | En classe, notre prof nous avait parlé des clochards. |
| 12. *tout à coup* | Nous en avons vu un. |
| 13. *calme* | Il était couché sur le trottoir. |
| 14. *entier* | Il était couvert de journaux. |
| 15. *facile* | On pouvait croire qu'il était mort. |
| 16. *là* | Quand Christine l'a vu, elle a eu peur. |
| 17. *simple* | Mais le clochard a levé la tête. |
| 18. *vrai* | C'était drôle. |
| 19. *curieux* | Nous n'avons pas ri. |
| 20. *vite* | Bon, on va payer. |
| 21. *ensuite* | On va filer à la gare. |

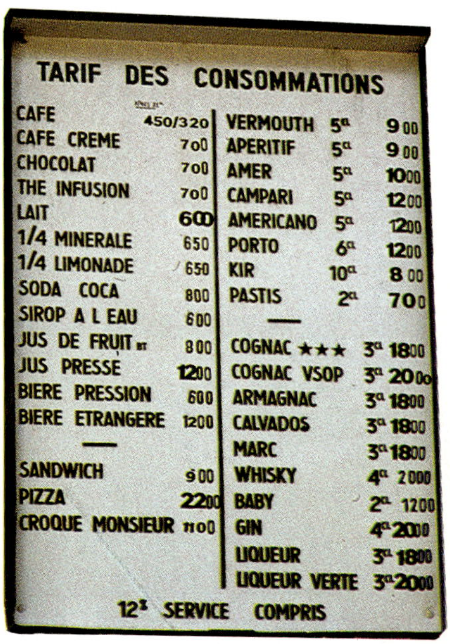

## 6. La journée d'Anne Kerloc'h (§ 9)

Anne Kerloc'h est la fille d'un pêcheur de Concarneau. Elle est la sœur du correspondant de Walter Haffner.

*Reliez les deux phrases par:* a) avant de; b) après être / après avoir. *Exemple:*

| | |
|---|---|
| **Anne** va à la boulangerie.<br>**Elle** prépare le petit déjeuner. | a) **Avant de préparer** le petit déjeuner, Anne va à la boulangerie.<br>b) **Après être allée** à la boulangerie, Anne prépare le petit déjeuner. |

1. Elle écoute un moment la radio.
   Elle quitte la maison.
2. Elle achète le journal.
   Elle prend son bus.
3. Elle fait encore 500 m à pied.
   Elle arrive à la conserverie.
4. Elle s'assoit devant sa machine.
   Elle commence à travailler.
5. Le soir, elle discute un moment avec ses copines.
   Elle sort de l'usine.
6. Elle va au supermarché.
   Elle rentre à la maison.
7. Elle se met à préparer le repas.
   Elle raconte sa journée à sa mère.
8. Elle regarde un film à la télé.
   Elle se couche.

*Raconte ta journée d'hier. Emploie* avant de / après être / après avoir.

## 7. Parfums d'Andorre (§ 9)

*Reliez les deux phrases par* pour + infinitif *ou* pour ne pas + infinitif.

1. M. Cathala va souvent en Andorre. Il veut y acheter du parfum pour ses filles.
2. Il ne l'achète pas en France. Il ne veut pas le payer trop cher.
3. Cette fois, il a couché à l'hôtel. Il n'avait pas envie de rouler la nuit.
4. Le lendemain, il a pris la route à 8 heures du matin.
   Il ne voulait pas arriver trop tard à Toulouse.
5. A la frontière, les douaniers l'arrêtent. Ils vont contrôler la voiture.
6. M. Cathala a mis le parfum dans ses chaussures. Il ne veut pas le déclarer à la douane.
7. Il doit descendre de la voiture. Les douaniers lui ont dit d'ouvrir le coffre.
8. M. Cathala ne marche pas vite. Il ne veut pas avoir trop mal aux pieds.
9. Il explique aux douaniers qu'il cherche un médecin.
   Il voudrait avoir un médicament pour ses pieds.
10. Les douaniers l'invitent à entrer dans leur bureau. Ils désirent regarder dans ses chaussures.
11. M. Cathala doit payer cher. Il n'a pas envie de laisser son parfum à la douane.

*Carnac: des dolmens et des menhirs*

### 8. Familles de mots

*Trouvez le nom, le verbe ou l'adjectif.*

En Bretagne
Il y a dix jours, Walter est *arrivé* à Concarneau.
Peu de temps après son …, les parents
de son correspondant lui ont montré le *pays*.
Il a vu des … devant leurs vieilles fermes.
Il a photographié un grand *nombre* de «menhirs». Ces grosses pierres sont très … près de Carnac. Les «dolmens» sont des *constructions* qui sont faites avec plusieurs grosses pierres. On les a … entre 5000 et 2000 ans avant Jésus-Christ.
Aux 15<sup>e</sup> et 16<sup>e</sup> siècles, on a *bâti* beaucoup d'églises en Bretagne. On trouve ces beaux … dans les grandes *villes* et dans les plus petits … .
Walter trouve la mer très *intéressante*. Il … beaucoup aux ports de *pêche*. Les … lui ont expliqué que, pour leurs bateaux *modernes,* on a dû … les ports.
Quand un bateau *part,* Walter pense aussi à son … dans quelques *jours*. Dans son …, il écrit qu'il regrette de quitter la Bretagne.

### 9. A vous. Faites l'interprète.

Tu passes tes vacances à Concarneau. Tu as rencontré un Allemand (Stephan), une Autrichienne qui s'appelle Heidi, et Hans, un Suisse. Ils ne parlent pas français. Une nuit, tu vas avec eux au port. Tes copains veulent poser des questions aux femmes qui trient les poissons. Tu fais l'interprète.

*Toi:* Excusez-moi, madame. Est-ce qu'on pourrait vous poser quelques questions?
*La femme:* Demandez toujours. Seulement, moi, je continue, hein?
*Stephan:* Ich kenne den einen oder anderen dieser Fische. Aber ich weiß nicht, wie sie heißen. Und ich möchte gern wissen, woher sie kommen.
*Toi:* Mon copain …
*La femme:* Ça, ce sont des merlans et des maquereaux. Ces poissons viennent du Canada. Dans ces cageots-là, vous voyez des sardines. On les a pêchées sur les côtes espagnoles.
*Toi:* Also, das da …
*Hans:* Ich habe diese Fische schon in den Berner Läden gesehen. Sie kommen vielleicht von hier. Lädt man sie in den Zug oder auf Lastwagen?
*Toi:* Mon copain a …
*La femme:* Les deux.
*Toi:* …
*Heidi:* Man sieht nur Frauen, die die Fische sortieren. Gibt es keine Männer, die diese Arbeit machen?
*Toi:* …
*La femme:* Les hommes travaillent sur les machines du port ou sur les bateaux. Mon mari, par exemple, est pêcheur et mon fils conduit un camion.
*Toi:* …
*Stephan:* Ich sehe, daß Sie die Fische in die Kästen werfen, ohne auch nur den Kopf zu wenden. Ich finde das toll.
*Toi:* …
*La femme:* Vous savez, je fais ce travail depuis dix ans. Alors, bien sûr, je connais mon métier.
*Toi:* …
*Heidi:* Die Fische sind sehr kalt. Sie müssen doch eiskalte Hände haben.
*Toi:* …
*La femme:* Eh oui, trier le poisson, c'est un métier très dur.
*Toi:* …
*Heidi:* Jetzt mußt du ihr danken, daß sie unsere Fragen beantwortet hat.
*Toi:* …

# B Le «Saint-Guénolé»

**1.** Le correspondant de Walter Haffner est Yann Kerloc'h, fils d'un pêcheur de Concarnea
Le lendemain de son arrivée, M. Kerloc'h et Yann conduisent Walter au port pour lui montrer leur bateau, le «Saint-Guénolé», un petit chalutier bleu.
Sur le bateau, Walter voit travailler un homme qui répare le filet.

*M. Kerloc'h:* Il est peut-être vieux, le «Saint-Guénolé», mais les bateaux qu'on construisait autrefois sont les meilleurs, pas vrai, Jakez?

*Jakez:* Sûr, patron. Et les plus jolis.

*M. Kerloc'h:* Eh oui! A propos, il ne t'aide pas, le petit?

*Jakez:* Yves? Sa mère est venue tout à l'heure. Elle m'a demandé de vous dire qu'il a la grippe et qu'il ne peut pas partir avec nous demain.

*M. Kerloc'h:* C'est bête, ça. Il me faut trois hommes.
Tu prends sa place, Yann? Demain, c'est samedi: tu n'as pas cours.

*Yann:* Je veux bien. On emmène aussi Walter? Il a envie de venir, mais il n'ose pas le dire.

*M. Kerloc'h:* Tu vas avoir le mal de mer, Walter. Et puis, on travaille, tu sais.

*Walter:* Ça ne me fait pas peur. Je voudrais bien venir, monsieur.

*M. Kerloc'h:* Bon, d'accord. Alors, c'est pour demain matin à 5 heures.

**2.** Samedi, 8 heures. Le «Saint-Guénolé» est arrivé en haute mer.
Jakez a mis la voile, le patron a arrêté le moteur, et maintenant, le filet passe à l'eau. Il fait du vent, et la mer s'est levée. Walter est vert; il ne se sent pas très bien.

*Jakez:* Ça nous arrive à nous aussi, tu sais. Reste au milieu du bateau et ne regarde pas la mer.

*Yann:* Ça va passer, Walter … Oh! regarde, tu vois le bateau, là-bas?
Il vient de loin, du Canada, peut-être.

*Jakez:* C'est un des grands chalutiers de Concarneau. Il a des appareils qui trouvent les poissons, il pêche à l'arrière avec un filet énorme, il a des machines qui préparent les poissons …
Ce n'est pas un bateau, je te dis, c'est une usine!

*Walter:* Pourquoi est-ce qu'il va pêcher si loin?

*Jakez:* Ici, il n'y a plus assez de poissons. Eh oui! on en a trop pêché.
Et puis la mer est déjà très polluée.

**3.** Deux heures plus tard, on voit remonter le filet. Il sort de l'eau, et un moment après, il est suspendu au-dessus du bateau. Walter s'approche du filet, mais Jakez l'a déjà ouver Walter glisse, se retrouve par terre, et 50 kg de poissons tombent sur lui. Les hommes rient, et, après s'être dégagé, Walter rit, lui aussi, pour ne pas montrer qu'il a eu peur. Tout de suite après, les hommes remettent leur filet à l'eau, puis ils s'occupent des poisso Walter apprend à les reconnaître, et aide à les trier et à les mettre dans des cageots.

*Jakez:* Ça? C'est un merlan. Quand je pense que pour ce bon poisson, on nous pai 5 F le kilo, et que dans les magasins, ils ne le vendent pas au-dessous de 50

*Walter:* C'est vrai? Alors, je me demande pourquoi vous travaillez.

*Jakez:* Qu'est-ce que tu veux, la pêche, c'est mon métier. Et mon métier, je l'aime. C'est comme ça.

## B 1. L'échange (§ 10)

*Complétez les phrases par l'infinitif (avec* à, de *ou* sans préposition).

| | |
|---|---|
| 1. Quinze jeunes gens de Berne vont en France ... un échange | *faire* |
| avec un collège de Concarneau. 2. Mais avant ... monter dans | *pouvoir* |
| le train, les jeunes Suisses et leur professeur de français | |
| ont eu beaucoup ... . | *faire* |
| 3. Après ... un correspondant à chaque élève qui voulait ..., | *donner, partir* |
| M. Ryser a commencé ... des dates avec M. Le Borgne, le profes- | *discuter* |
| seur de Concarneau. 4. Ils sont arrivés ... une bonne solution, | *trouver* |
| puis ils se sont mis ... du programme de visites. 5. Comme il y a | *parler* |
| tellement de choses ... en Bretagne, il n'a pas été facile ... | *voir, choisir* |
| un programme. 6. M. Le Borgne, qui sait ... le breton, a offert | *parler* |
| ... une soirée de chansons bretonnes. | *préparer* |
| 7. Ensuite, M. Ryser a dû ... du voyage en train. 8. Il a fallu | *s'occuper* |
| ... les places longtemps avant le départ. | *réserver* |
| 9. Pendant des mois, les élèves ont été occupés ... . 10. Les | *s'écrire* |
| Suisses ont essayé ... en français, les Bretons en allemand. | *écrire* |
| 11. Quelques élèves sont allés ... M. Ryser avant ... leurs | *trouver, envoyer* |
| lettres en France. 12. Comme ils n'osaient pas ... de fautes, | *laisser* |
| ils ont demandé à leur professeur ... leurs lettres. | *corriger* |
| 13. D'autres élèves ne sont pas venus ... M. Ryser. 14. Ils ont | *voir* |
| simplement essayé ... aussi bien que possible. | *faire* |
| 15. Et souvent, ils sont arrivés ... de bonnes lettres. | *écrire* |
| 16. Donc, avant ..., les jeunes Suisses connaissaient déjà | *partir* |
| leurs correspondants bretons, et le jour du départ, ils étaient | |
| très contents ... dans leurs compartiments réservés. | *s'installer* |

## 2. Un coup de téléphone

Walter téléphone à sa mère. Ils parlent toujours français entre eux. Mme Haffner pose beaucoup de questions, par exemple:
sur la famille Kerloc'h, sur Concarneau, sur la Bretagne, etc.
Ensuite, Walter lui raconte sa journée de pêche.

*A vous. Prenez le rôle de Walter et de Mme Haffner. Jouez.*

## Proverbes

*Lisez. Comment est-ce qu'on dit en allemand?*
- Tout est bien qui finit bien.
- Beaucoup de bruit pour rien.
- Le temps, c'est de l'argent.
- Chose promise, chose due.
- Comme on fait son lit, on se couche.
- Qui va à la chasse, perd sa place.
- La nuit, tous les chats sont gris.
- N'éveillez pas le chat qui dort.

*Qu'est-ce que c'est?*

# Cercy-la-Tour reçoit ses amis allemands.

Depuis des années, il y a de nombreux échanges entre les petites villes de Cercy-la-Tour, dans le département de la Nièvre, à 50 km de Nevers, et Vallendar, au bord du Rhin, près de Coblence. Cette année, on a prévu des rencontres sportives: le premier week-end de mai, une équipe de football et une équipe de volley de Vallendar partiront pour Cercy. C'est M. Krüger qui accompagnera les jeunes sportifs.
Voici une lettre que l'Amicale de Cercy a envoyée aux amis allemands.

**AMICALE**
VALLENDAR - CERCY-LA-TOUR
7, rue de la Gare
F-58340 Cercy-la-Tour

Le Président de l'Amicale
de Cercy-la-Tour

Cercy, le 18 mars

Monsieur Hans Krüger
Président de l'Amicale de Vallendar
Bergstr. 22
D-5414 Vallendar

Chers amis,
Nous vous remercions de votre gentille lettre du 2 mars. Nous venons de faire le programme de votre séjour chez nous. Vous le trouverez ci-joint. Nous vous attendrons donc le 1er mai. Nous serons très heureux de vous recevoir ici. Nous en profiterons pour vous remercier encore une fois de l'accueil si sympathique que nous avons reçu chez vous l'année dernière.
Je suis sûr que personne, ici, ne manquera les rencontres amicales entre nos jeunes sportifs. On en parle déjà dans toutes les familles. Comme vous le constaterez, le programme laisse beaucoup de place aux contacts personnels.
Quand j'aurai votre liste de participants, j'essaierai tout de suite de loger tout le monde. Il n'y aura pas de problèmes, je pense. En effet, il y a pas mal de gens qui se connaissent déjà et qui se retrouveront.
Dans l'attente de votre réponse, nous vous prions de croire, chers amis, à nos sentiments les plus amicaux.

André Lambert
André Lambert

### 3. A vous.

La ville où tu habites fait des échanges avec une ville de France. En ce moment, on prépare une rencontre entre les clubs cinéma des deux villes.
L'année dernière, il y a eu une première rencontre en France.

a) *Le Président de l'Amicale de ta ville te demande de traduire le programme de la visite.*

| | |
|---|---|
| Donnerstag, 13. Juni: | Ankunft des Zuges um 19 Uhr 38.<br>Empfang unserer Freunde vor dem Bahnhof.<br>20 Uhr: Abendessen im Hotel zur Post. |
| Freitag, 14. Juni: | 11 Uhr: Begrüßungstrunk im Rathaus.<br>Besuch des neuen Jugendhauses, in dem sich die Werkstatt des Filmclubs befindet.<br>14 Uhr: Ausflug mit dem Bus.<br>Besichtigung einer Burg aus dem 15. Jahrhundert.<br>20 Uhr: Film im Jugendhaus: „Unsere Stadt". |
| Samstag, 15. Juni: | Vormittag zur freien Verfügung.<br>Möglichkeit zum Einkauf im Stadtzentrum (Treffpunkt: 10 Uhr – Marktplatz).<br>19 Uhr: Freundschaftsabend im großen Saal des Jugendhauses. Tanz. |
| Sonntag, 16. Juni: | Abfahrt unserer Gäste um 8 Uhr 51.<br>Treffen um 8 Uhr 30 vor dem Bahnhof. |

b) *Ensuite, il te demande d'écrire une lettre au Président de l'Amicale de l'autre ville.*
*Voilà ce qu'il faut dire:*
- Dank an den Präsidenten für seinen Brief vom 17.
- sich entschuldigen, daß man diesen Brief mit etwas Verspätung beantwortet
- sagen, daß man alles vorbereitet hat, um die französischen Freunde zu empfangen
- darauf hinweisen, daß das Besuchsprogramm dem Brief beigefügt ist
- nach der genauen Anzahl der Teilnehmer fragen
- ankündigen, daß man versuchen wird, alle bei deutschen Familien unterzubringen.
- ...

*Ecrivez la lettre.*

Qui écrit?

Ville, date

A qui est-ce qu'il/elle écrit?

Monsieur le Président,/Chers amis,
Nous ...

# En route pour Cercy-la-Tour

**1.** Vendredi matin, vers 5 heures, les participants de Vallendar partent en car. Une heure plus tard, Ralf, Sabine et Karsten se mettent en route également: en moto, ils vont plus vite que le car. Vers 17 heures, tout le monde se retrouvera devant la mairie de Cercy-la-Tour.

Peu avant 17 heures, le car arrive à Cercy. On a l'impression que toute la petite ville attend devant la mairie. L'accueil est chaleureux. «Ils sont vachement sympa», se disent les Français. «Die sind echt nett», pensent les Allemands. M. Lambert et M. Krüger sont très heureux de se revoir:

– Alors, Hans, le voyage s'est bien passé?
– Oui, oui. On n'a pas eu de problèmes.
– Au fait, quand est-ce qu'ils arrivent, les trois motocyclistes?
– Ils seront bientôt là, j'espère.
– Bon. Tu viens? Le maire vous invite à l'apéritif.

Pendant l'apéritif, le maire dit quelques mots de bienvenue. De temps en temps, M. Krüger regarde l'heure: 18 heures, déjà, et les trois motocyclistes ne sont toujours pas arrivés. M. Lambert est très inquiet, lui aussi:

– Peut-être qu'ils se sont trompés de route?
– C'est bien possible. Ils ont une carte, bien sûr, mais ils ne parlent pas un mot de français.
– Tu as raison. Quand on ne parle pas la langue du pays, on se trompe plus facilement.
– Ecoute, si à 8 heures ils ne sont pas là, je téléphonerai à la gendarmerie.

Vers 19 heures, tout le monde se rend au restaurant «Le Croissant» pour prendre le dîner. Pendant le repas, les deux amis ne parlent que des trois jeunes Allemands. Les autres aussi sont très inquiets.
Tout à coup, la secrétaire du maire entre dans le restaurant:

– M. Lambert, je viens de recevoir un coup de téléphone. Les trois motocyclistes ...

**2.** Vers 15 heures, les trois motocyclistes se trouvent sur la Route du Vin, au sud de Dijon.
Quelques kilomètres avant Vougeot, Ralf dérape tout à coup dans un virage et tombe dans le fossé. Heureusement, il ne s'est pas fait mal, mais sa moto ne marche plus.
Les trois jeunes essaient plusieurs fois de la remettre en marche, mais rien à faire!

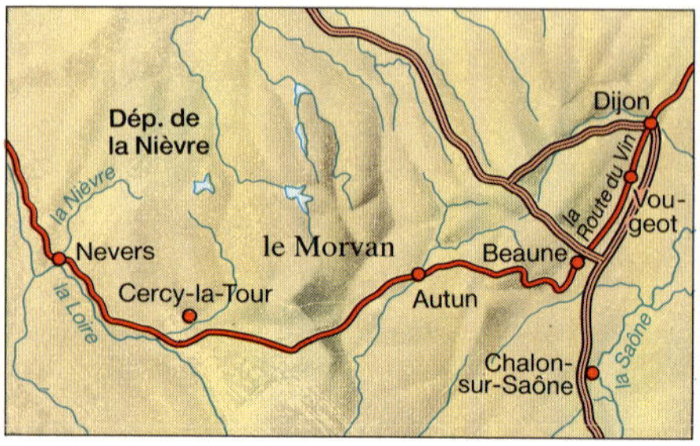

Alors, ils s'assoient au bord de la route pour réfléchir.
Ils sont encore en train de discuter, quand, tout à coup, une camionnette s'arrête près d'eux. Le chauffeur descend et s'adresse aux trois Allemands:
– Alors, les jeunes, il y a quelque chose qui ne va pas?
Les trois amis ne comprennent rien.
Ralf montre sa moto et dit:
– Panne.
– Ah! Vous êtes Allemands?
– Oui. Allemands. Aus Vallendar.
– Je comprends. Vous venez d'Allemagne. Vous allez où?
Les jeunes ne comprennent pas. Sabine essaie d'expliquer:
– Vallendar bei Koblenz.
– Je sais. Vous êtes Allemands. Mais où est-ce que vous allez?
Les trois amis se regardent et Sabine continue à expliquer:
– Am Rhein. Zwischen Koblenz und Bonn.
– Ah! Beaune. Vous allez à Beaune. Ça alors! on peut dire que vous avez de la chance. Je suis de là-bas, moi. Allez, je vous emmène, si vous voulez. A Beaune, on trouvera sûrement quelqu'un qui réparera votre moto. Vous avez compris? Moto ... garage ... réparer. Allez, en route!

**3.** Vers 16 heures, ils arrivent à Beaune. M. Moreau, le chauffeur de la camionnette, les présente à sa famille. Sa fille, Corinne, a fait de l'allemand au lycée. Les trois jeunes gens peuvent enfin expliquer qu'ils ne voulaient pas aller à Beaune, mais à Cercy-la-Tour. Tout le monde rit et M. Moreau invite les jeunes à boire un verre de vin:

– Vous connaissez Beaune? Non? Corinne va vous montrer la ville, si vous voulez. Pendant ce temps, je m'occuperai de la moto. Le problème, c'est qu'aujourd'hui, on est le 1^er^ mai. Ecoutez, si je ne trouve personne pour la réparer, Ralf partira par le train: il y a un autorail pour Cercy, ce soir. Il laissera sa moto chez nous et lundi, il reviendra ici pour la prendre.

Ils visitent la ville, et Corinne leur montre l'Hôtel-Dieu et les belles maisons anciennes.
Beaune leur plaît beaucoup et Ralf trouve Corinne très sympathique.
Comme M. Moreau n'a trouvé personne pour réparer la moto, Sabine et Karsten décident de partir par l'autorail avec Ralf pour ne pas le laisser seul.

Vers 19 heures, Corinne accompagne les trois jeunes Allemands à la gare. Juste avant le départ de l'autorail, ils lui demandent de téléphoner à la mairie de Cercy.

Ralf ne regrette pas d'avoir laissé sa moto chez les Moreau: comme ça, il aura une bonne raison de revoir Corinne.

*Beaune: l'Hôtel-Dieu*

# 4

## B 1. Reparlons du texte.

a) *Texte 4B, page 31: Résumez.*

5:00 — Les participants qui ont pris le car sont partis à 5 heures.
*Continuez. Employez le passé composé.*

6:00 | 16:50 | 17:15–18:30 | 18:50 | 19:20

b) *Texte 4B, pages 32 et 33:* Dites pourquoi …
1. M. Moreau s'arrête près des trois jeunes Allemands;
2. M. Moreau et les jeunes Allemands ne se comprennent pas;
3. il les emmène à Beaune;
4. à Beaune, M. Moreau comprend enfin que les trois jeunes veulent aller à Cercy-la-Tour;
5. Ralf doit prendre le train pour aller à Cercy;
6. Karsten et Sabine prennent également le train;
7. les trois motocyclistes ne demandent pas tout de suite à Corinne de téléphoner à la mairie de Cercy;
8. Ralf ne regrette pas d'avoir laissé sa moto chez les Moreau.

c) Corinne téléphone à la mairie de Cercy. Quelles informations est-ce qu'elle donne à la secrétaire du maire? Quelles questions est-ce que la secrétaire pose?
*A vous. Prenez le rôle de la secrétaire et de Corinne. Jouez.*

## 2. Que faire? (§ 14)

Chez les Moreau, Ralf, Sabine et Karsten racontent à Corinne ce qu'ils ont dit quand ils étaient assis au bord de la route, après l'accident. Corinne traduit.
*Faites des phrases. Employez* si. *Exemple:*

> *Alors, voilà. Ils ont dit:*
> **Si** personne ne nous **aide** à réparer la moto, nous **arriverons** en retard à Cercy.

1. on – *ne pas arriver* là-bas à 5 h
   ils – *penser* qu'on s'est trompés de route
2. nous – *ne pas être* à Cercy à 5 h et demie
   M. Krüger – *être* très inquiet
3. nous – *ne pas arriver* avant 8 h
   il – *téléphoner* peut-être à la police
4. une camionnette – *passer*
   nous – *l'arrêter*
5. le chauffeur – *ne pas parler* allemand
   nous – *avoir* des problèmes
6. il – *comprendre* l'allemand
   nous – lui *expliquer* ce qui est arrivé
7. il – *être* sympa
   il – nous *aider* sûrement
8. il – *être* d'accord
   nous – *charger* la moto dans la camionnette
9. cela – *ne pas être* possible
   nous – lui *demander* de téléphoner à Cercy
10. il – *téléphoner* à Cercy
    quelqu'un – *venir* nous chercher

## 3. Auto – Moto – Vivons ensemble. (§ 14)

a) *Racontez l'histoire de Pierrot, de sa copine Julie et d'un troisième personnage: Jules.*

b) Voici ce que les personnages pourraient dire ou penser sur les images 1 à 9.
*Complétez les phrases par* si *et accordez les verbes.*

1. *Pierrot:* ... tu *(être)* d'accord, nous *(regarder)* ce soir un match de volley.
2. *Julie:* Ce que je voudrais, c'est aller danser. Mais je t'*(accompagner)*, ... tu le *(vouloir)* absolument.
3. *Pierrot:* Elle me *(trouver)* formidable, ... je *(rouler)* vite.
4. *Julie:* ... il *(continuer)* à rouler à 120 à l'heure, je ne *(regarder)* pas le match avec lui.
5. *Jules:* ... tu ne *(ralentir)* pas, tu ne *(rentrer)* pas entier à la maison.
6. *Pierrot:* J'*(arrêter)* une voiture, ... je n'*(arriver)* pas à réparer la moto.
7. *Jules:* J'*(essayer)* de lui parler, tout à l'heure, ... j'en *(avoir)* la possibilité.
8. *Jules:* Elle *(venir)* peut-être avec moi, ... je lui demande.
9. *Pierrot:* ..., un jour, je le *(retrouver)*, il *(regretter)* de m'avoir fait ça.

## 4. Chez les Kerloc'h (§ 15)

Yann Kerloc'h attend Walter, son correspondant. Il discute avec son père du séjour de Walter.
*Ajoutez* si *ou* quand *et accordez les verbes. Exemples:*

> **Si** maman **a** le temps, elle m'**accompagnera** à la gare.
> **Quand** le groupe **arrivera**, je **serai** sur le quai.

| | | | |
|---|---|---|---|
| 1. | *Yann:* | ... Walter ... d'accord, | *être* |
| | | nous lui ... la ville tout de suite. | *montrer* |
| 2. | *Son père:* | Mais non! ... les jeunes ... là, | *être* |
| | | ils ... sûrement fatigués. | *être* |
| 3. | *Yann:* | Tu as raison. Nous ... tout de suite, | *rentrer* |
| | | ... Walter le ... . | *désirer* |
| 4. | | Mais le lendemain, ... il ... envie de sortir, | *avoir* |
| | | nous ... le port, non? | *visiter* |
| 5. | *Son père:* | Bien sûr. Et ... nous ... au port, | *être* |
| | | nous lui ... aussi notre bateau. | *montrer* |
| 6. | *Yann:* | Bien. Et dimanche, Walter et moi, nous ... le car | *prendre* |
| | | pour aller à Carnac, ... ça lui ... . | *dire* |
| 7. | *Son père:* | Ecoute: ... tu ... bien, | *vouloir* |
| | | maman et moi, nous ... avec vous et nous ... la voiture. | *partir, prendre* |
| 8. | *Yann:* | Formidable! Et ... on ... à Carnac, | *être* |
| | | nous ... chez l'oncle Pierre et la tante Mathilde. | *passer* |
| | | Ils ... très contents. | *être* |
| 9. | | Dis, papa, un jour, ... tu ... à la pêche, | *partir* |
| | | on t' ..., Walter et moi, d'accord? | *accompagner* |
| 10. | *Son père:* | Pourquoi pas? Seulement, ... Walter n' ... jamais ... | *aller* |
| | | en haute mer, il ... sûrement malade, sur le bateau. | *être* |

## 5. Situations

*Lisez les expressions que voici:*

1. Ça va passer.
2. Je suis entièrement d'accord.
3. Tu n'as qu'à fermer la porte.
4. Parlez moins vite, s'il vous plaît.
5. Rien à faire!
6. On n'a parlé que de toi.
7. J'espère que non.
8. J'ai l'impression qu'elle se moque de toi.

*Imaginez, pour chaque expression, une situation où on peut l'employer. Exemple:*

> *Expression:* **Ça va passer.**
> *Situation:* Deux touristes partent en haute mer avec des pêcheurs. Tout à coup, l'un d'eux devient vert. Il dit: «Je ne me sens pas bien du tout. Je crois que j'ai le mal de mer.» L'autre lui répond: «Restez au milieu du bateau et ne regardez pas la mer. **Ça va passer.»**

MAGAZINE DES JEUNES
1 jeudi sur 2
BOUM
6F Nº196 du 17 février
BOITE AUX LETTRES:
PAS DE FRIC, LES JEUNES ?

# HOROSCOPE

## DU 4 AU 17 FÉVRIER

### *Bélier*
***(21 mars – 20 avril)***

La première semaine, vous pourrez enfin montrer que vous n'êtes pas une personne paresseuse, mais très active. Seulement, il faudra faire vite: cette période de chance finira bientôt.

### *Taureau*
***(21 avril – 20 mai)***

Vous êtes trop pessimiste: il faut croire à votre chance. Un peu de courage et vous aurez ce que vous désirez: vous vous ferez de nouveaux amis.

### *Gémeaux*
***(21 mai – 21 juin)***

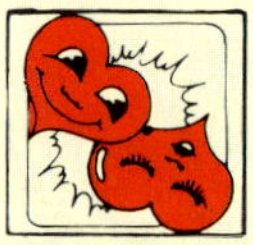

Vous reverrez quelqu'un qui vous est cher et que vous n'aviez pas vu depuis longtemps. C'est quelqu'un qui, comme vous, aime beaucoup s'amuser. Malgré quelques petites difficultés, vous passerez de très bons moments avec lui.

### *Cancer*
***(22 juin – 22 juillet)***

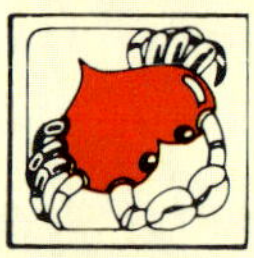

Les Cancers iront bien: ils plairont à qui leur plaira. Vous serez toujours de bonne humeur. Un de vos amis vous enverra un cadeau.

### *Lion*
***(23 juillet – 22 août)***

Vous serez très optimiste, vous voudrez faire mille choses à la fois. Si vous savez finir ce que vous avez commencé, vous vivrez, pendant toute la période, des jours heureux.

### *Vierge*
***(23 août – 22 septembre)***

Vous vous ennuierez. Vous aurez envie de faire quelque chose de nouveau. Mais vous devrez attendre le début de la deuxième semaine pour avoir de bonnes idées: vous découvrirez alors de nouveaux passe-temps.

### *Balance*
***(23 septembre – 22 octobre)***

Vous vous êtes montré très égoïste ces dernières semaines. Vous aurez peut-être, à cause de cela, des difficultés avec un de vos amis. Faites surtout attention vers le 10.

### *Scorpion*
***(23 octobre – 21 novembre)***

Vos amis et vos parents vous diront que vous n'êtes pas toujours facile à comprendre. Et il est vrai que vous changerez d'avis trop souvent, surtout vers la fin de la période.

### *Sagittaire*
***(22 novembre – 20 décembre)***

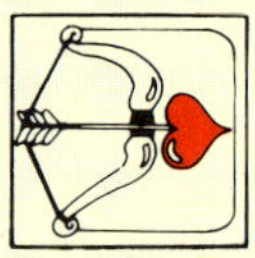

La première semaine sera difficile. Mais cela ne durera pas. A partir du 11, vous retrouverez votre bonne humeur: quelqu'un vous appellera et il aura une très bonne nouvelle pour vous.

### *Capricorne*
***(21 décembre – 19 janvier)***

Ne prenez pas vos problèmes trop au sérieux. Vous saurez trouver une solution. La chance vous sourira de nouveau. Surtout, prenez le temps de vivre.

### *Verseau*
***(20 janvier – 18 février)***

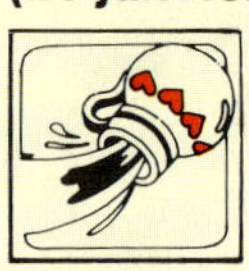

Ne perdez pas courage: vous avez tout ce qu'il faut en vous pour avoir de bons résultats dans votre travail. Mais, pour cela, pensez un peu plus à vous et moins aux autres.

### *Poissons*
***(19 février – 20 mars)***

Rendez-vous romantique pendant la deuxième semaine: vous serez très amoureux. Mais attention: si, à cause de votre nouvelle connaissance, vous ne vous occupez plus de votre meilleur ami, vous courrez le risque de vous retrouver seul.

# Boîte aux lettres

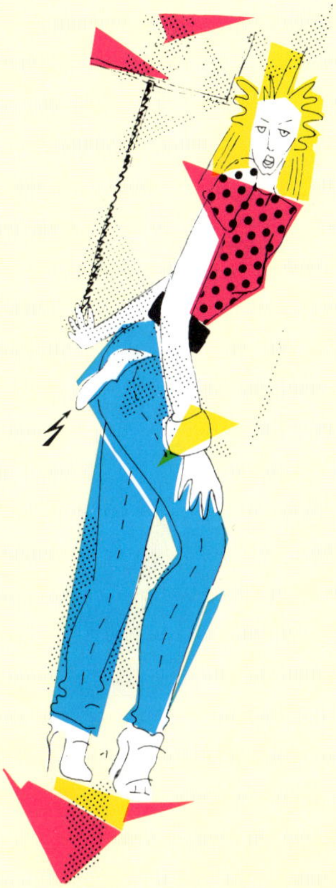

## *Pas de fric, les jeunes?*

Il y a quelque temps, nous avions fait, à propos de l'argent des jeunes, une enquête dont les résultats nous avaient paru très intéressants. Ces résultats, nous les avons publiés dans notre dernier numéro.
Souvenez-vous: nous avions posé, à des élèves de collège et de lycée, ces trois questions:
1. Combien d'argent avez-vous par mois?
2. D'où vient cet argent?
3. A quoi dépensez-vous votre argent?

Voici encore une fois les résultats:
1. – 81 % des 15–18 ans ont entre 100 et 150 francs par mois;
   – 17 % ont plus de 150 francs;
   – 2 % ont plus de 500 francs.
2. Ce sont le plus souvent les parents qui donnent cet argent. 88 % des jeunes qui ont répondu à nos questions reçoivent de l'argent de poche.
3. Cet argent, les jeunes le dépensent en général pour leurs loisirs (cinéma, sport, livres, etc.).

A propos de cette enquête, *Boum* a reçu de nombreuses lettres dont vous pourrez lire ici quelques extraits. Dans ces lettres, nos lecteurs nous disent comment ils voient le problème de l'argent.

Moi, je dis que les jeunes sans argent, ça n'existe pas. Vous n'avez qu'à regarder les vêtements, les disques, les billets de train et d'avion que nous achetons. Les jeunes sont riches.

***Thierry,*** *15 ans*
*Versailles*

Ma mère est très généreuse. Elle me donne chaque jour l'argent dont j'ai besoin. Je n'ai jamais de problèmes d'argent. Je me paie ce que je veux: le cinéma deux fois par semaine, les cigarettes, les magazines. Je ne fais pas d'économies. Je dépense toujours tout ce que j'ai.

***Lucien,*** *16 ans*
*Paris*

Mes parents n'ont pas beaucoup de fric. Je vis et je mange chez eux, mais ils ne me donnent pas d'argent de poche. Pour me payer les autres trucs, les vêtements, les disques, les livres, tout ça, je travaille tous les soirs comme garçon de café. Comme ça, j'arrive à me débrouiller.

***Jean-Paul,*** *18 ans*
*Orléans*

Moi, pour avoir de l'argent, je travaille pendant les grandes vacances, le plus souvent en juillet. Avec l'argent que je gagne, je me paie un voyage en août et puis mon passetemps préféré: la photo.

***Patrick,*** *17 ans*
*Mantes-la-Jolie*

# Boîte aux lettres

J'ai suivi l'exemple de mon grand frère: je n'habite plus chez mes parents, j'ai une chambre en ville. Comme ça, je peux vivre comme je veux. Mes parents continuent à me donner de l'argent, mais je connais souvent des fins de mois difficiles. Quelquefois, un kilo de pommes de terre doit durer une semaine. Alors, j'essaie de trouver un petit job. Mais le lycée ne me laisse pas beaucoup de temps.

***Barbara,** 18 ans*
*Nancy*

Mes parents me donnent de l'argent de poche. Mais sur les 200 francs qu'ils me donnent chaque mois, je dois déjà dépenser 100 francs pour acheter ma carte orange. Ensuite, je n'ai plus grand-chose pour mes loisirs. Et puis, quand mes parents veulent me punir, ils réduisent mon argent de poche. C'est quelque chose que je ne comprends absolument pas.

***Chantal,** 15 ans*
*Paris*

A quoi sert l'argent? A mon avis, les jeunes consomment trop. C'est la faute des adultes, dont ils suivent le mauvais exemple. Moi, je trouve que l'argent ne fait pas le bonheur. Le bonheur, pour moi, c'est vivre avec des gens que j'aime et qui m'aiment.

***Claire,** 16 ans*
*Nanterre*

Mes parents ne sont vraiment pas pauvres, mais ils ne me donnent que l'argent dont j'ai absolument besoin (pour le bus, mes livres de classe, etc.). Mais pour les petits trucs, les produits de beauté, par exemple, il me faut toujours leur demander du fric. Je trouve que les parents doivent apprendre à leurs enfants à s'occuper seuls de leur argent de poche. Pour cela, l'argent de poche n'a pas besoin d'être énorme, mais il doit quand même exister.

***Christine,** 17 ans*
*Reims*

Il y a quatre mois, j'ai décidé de quitter mes parents. J'en avais vraiment marre: ils ne s'occupaient jamais de moi. Il y a deux ans, ils ont acheté un appartement et depuis, ils ne pensent plus qu'à faire du fric pour le payer le plus vite possible. Pendant ces quatre mois, j'ai couché chez des copains: 15 jours ici, 15 jours là. Pendant le premier mois, j'ai vécu avec 60 francs. Quelquefois, je ne mangeais pas pendant deux jours, et dans ma tête, ça allait très mal. Alors, je me suis mis à voler: dans les grands magasins, dans les gares, dans les supermarchés. Un jour, la police m'a arrêté et il m'a fallu retourner chez mes parents, qui, bien sûr, m'ont très mal reçu. Maintenant, on vient de me dire que je dois quitter le lycée. Je ne sais plus quoi faire.

***Nicolas,** 18 ans*
*Bobigny*

## 1. Boum – Le magazine des jeunes

Voici les noms de quelques magazines français qui s'adressent à des jeunes de 12 à 20 ans: Hit, Podium [pɔdjɔm], Jacinte, Vingt Ans, Nouveau Stéphanie, Salut!, OK!, Phosphore, Antirouille.

*A vous. Répondez.*

1. Est-ce que tu lis régulièrement un magazine de jeunes? Quel est son nom?
2. Qu'est-ce qui t'intéresse le plus dans ce magazine?
3. Est-ce qu'il y a d'autres revues que tu lis régulièrement ou de temps en temps?

## 2. Etes-vous optimiste?

a) *Relisez l'horoscope du 4 au 17 février.*
*Relevez tout ce qu'on y dit sur les caractères:* être paresseux, être actif, .... *Continuez.*
*Est-ce que vous connaissez d'autres traits de caractère?*

b) *A vous.*
*Parlez de votre frère / sœur / meilleur copain / meilleure copine. Exemple:*
Il / Elle est très actif / active, mais il / elle est un peu égoïste. / Il / Elle aime s'amuser ...

## 3. L'horoscope de cette semaine (§ 16)

a) D'après l'horoscope de cette semaine, les Béliers **découvriront** un nouveau passe-temps. Et les Taureaux?

b) Sylvie est Bélier: elle **découvrira** un nouveau passe-temps. Et Pascal?

c) *A vous.* Je suis né(e) le .... Je suis .... D'après l'horoscope, je ...

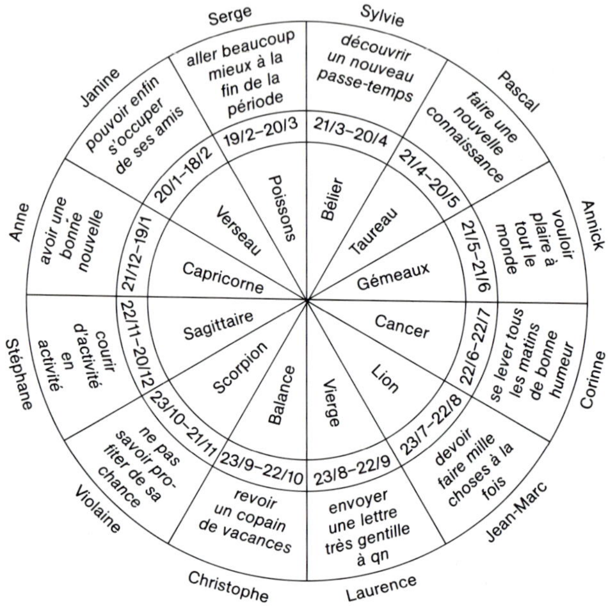


## 4. CX 23 (§ 16)

Nous sommes en 2088. Mme Danielle Duverne travaille sur l'astéroïde 175. Un soir, quand elle rentre de son travail, elle trouve sur son chemin un petit robot.

*Mme Duverne:* Qu'est-ce que tu fais là?

*Le robot:* J'ai quitté mon maître. Je ne veux plus vivre avec lui.

*Mme Duverne:* Ça alors! Et qu'est-ce que tu veux faire maintenant?

*Le robot:* Je voudrais venir avec vous. Je m'appelle CX 23.

*Mme Duverne:* Venir avec moi? Hum, je ne sais pas trop ...

*Le robot:* Mais si! Je vivvvvv avec vous. Quand vous sssss fatiguée, je conduuuuuu votre voiture. Je travvvvvvvv jour et nuit. Quand vous sssss triste, je fffff de la musique, ou bien je vous racccccc des histoires drôles. Si vous le voulez, je pppppp toutes les langues du monde. En plus, je sauauauau tout ce que les autres pensent de vous et je le dirrrrrr tout de suite. Il me fauauauauau seulement un peu d'huile pour bien travailler. J'envvvvvvv même des lettres à votre mari quand vous n'aurrrr pas envie de lui écrire. Je ssssss comme un ami et vous ne vous ennnnnn jamais avec moi.

*Mme Duverne:* Tu me promets beaucoup de choses. Mais dis, tu parles toujours comme ça?

*Le robot:* Non, non. Donnez-moi un peu d'huile et vous vvvvvv que ça iiiiii mieux.

a) CX 23 a des problèmes avec les formes du futur. Qu'est-ce qu'il veut dire? *Aidez-le.*

b) Qu'est-ce que le petit robot promet à Mme Duverne? – Il viv .... *Continuez.*

## 5. L'avenir de M. Croitout (§ 16)

M. Croitout passe chez une voyante pour connaître son avenir.
*Mettez les verbes au futur simple.*

La voyante regarde sa boule de verre:

| | |
|---|---|
| 1. Vous ... beaucoup d'argent et vous ... très malheureux. | *perdre, être* |
| 2. En plus, personne ne ... vos problèmes. | *comprendre* |
| 3. Vous ... que tout le monde est contre vous. | *croire* |
| 4. Quelque temps plus tard, quelqu'un ... vous voir. | *venir* |
| 5. Cette personne ... à votre situation personnelle. | *s'intéresser* |
| 6. Mais vous ... faire très attention. En effet, je vois | *devoir* |
| des gens qui ... de vous faire des difficultés. | *essayer* |
| 7. Ensuite, vous ... un télégramme, | *recevoir* |
| 8. et tous vos problèmes .... | *disparaître* |
| 9. Le lendemain, vous ... en voyage. | *partir* |
| 10. Mais avant, vous ... 300 F à votre voyante. Merci. | *donner* |

## 1. Boîte aux lettres (§ 17)

a) *Complétez les questions par* à quoi, comme quoi, de quoi. *Répondez aux questions.*
1. ... pense Thierry quand il dit que les jeunes sont riches?
2. ... est-ce que Lucien dépense son argent de poche?
3. ... est-ce que Jean-Paul travaille tous les soirs?
4. ... sert l'argent que Patrick gagne pendant les grandes vacances?
5. ... est-ce que Barbara vit quelquefois pendant une semaine?
6. ... est-ce que Claire parle dans sa lettre?
7. ... pense Christine quand elle parle des «petits trucs»?
8. ... s'occupent les parents de Nicolas?

b) *Traduisez en allemand.*
1. Nicolas ne sait plus quoi faire.
2. Je n'ai plus de quoi vivre.
3. A quoi bon se casser la tête?
4. C'est la vie, quoi.
5. Merci. – Il n'y a pas de quoi.
6. Quoi! Toi aussi?

## 2. Exprimez d'une autre façon.

a) 1. *Moi, je trouve que* les jeunes dépensent trop de *fric.* 2. Ils suivent là le mauvais exemple des *grandes personnes.* 3. Pour moi, *être heureux,* c'est vivre avec des gens que j'aime. 4. J'en ai *marre* de ces gens qui *ne* pensent *qu'*à faire du fric.

b) 1. Mes parents *n'ont pas beaucoup d'argent,* mais ma mère *aime donner.* 2. Quand *il me faut de l'*argent pour mon *activité* préférée, la photo, je n'ai qu'à lui demander: elle me donne l'argent *dont j'ai besoin.* 3. Avec mon père, j'ai plus de *difficultés.* 4. Lui, quand il veut me punir, il *me donne moins d'*argent de poche. 5. C'est quelque chose que je ne comprends *absolument* pas. 6. Ce que je trouve bien, c'est que mes parents m'ont appris à *ne pas dépenser tout l'argent que j'ai.*

### 3. De quoi est-ce qu'on a besoin ... ? (§ 20)

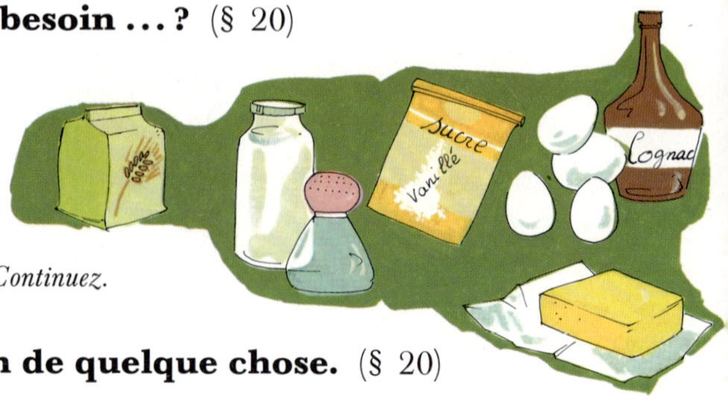


a) Pour faire des crêpes,
**il faut de la** farine, ...
*Vous pouvez dire aussi:*
On **a besoin de** farine, ...

b) De quoi est-ce qu'on a besoin quand on veut faire une boum?
– On a besoin d'une salle / .... *Continuez.*

### 4. Tout le monde a besoin de quelque chose. (§ 20)

*Faites les dialogues. Exemple:*
Pierre **a besoin du** vélo de Jacques.
– Dis, Jacques, je peux prendre ton vélo?
– Bien sûr. Tu peux le prendre, si **tu en as besoin.** / Non, je regrette. Tu ne peux pas le prendre maintenant. **J'en ai besoin.**

1. Bernard – mobylette de François
2. Claire – skis de Gérard
3. Simone – cassettes de Jacques
4. Yvette – chemise bleue de son père
5. François – magnétophone d'Olivier
6. Patrick – disques de Jean-Marc
7. Nicole – chemisier vert de sa mère

### 5. Définitions (§ § 19, 20)

*Exemple:* Un appareil-photo est un appareil
**dont** on se sert quand on veut .... *ou:* **dont** on a besoin pour ....

Dites ce qu'est
1. un ticket de métro *(un billet)*
2. un magnétophone *(un appareil)*
3. un ballon de foot *(une grosse balle)*
4. une raquette de tennis *(un instrument)*
5. un couteau *(un instrument)*
6. un ouvre-boîtes *(un instrument)*

### 6. En route pour Cercy (§ 19)

*Reliez les deux phrases par le pronom relatif* dont. *Exemple:*

Sabine s'est acheté une moto. Elle est très **contente de sa moto.**
→ Sabine s'est acheté **une moto dont** elle est très **contente.**

1. Dans le magasin, elle a regardé plusieurs motos.
Trois de ces motos l'ont beaucoup intéressée.
2. Mais elle a choisi la Motrax 8.
Elle rêvait de cette moto depuis longtemps.
3. Karsten et Sabine décident d'aller à Cercy avec Ralf.
On vient de réparer la moto de Ralf.
4. Sur la Route du Vin, il y a quelques virages.
Un de ces virages est assez dangereux.

5. Quelques minutes après l'accident de Ralf, les trois jeunes voient arriver une camionnette. Le chauffeur de la camionnette habite à Beaune.
6. A Beaune, les trois Allemands visitent la ville avec Corinne. Ralf est déjà un peu amoureux de Corinne.
7. Ils passent un après-midi très agréable. Ils reparleront sûrement très souvent de cet après-midi.
8. Vallendar-Cercy: Ralf, Karsten et Sabine ont eu un voyage très difficile. Ils se souviendront longtemps de ce voyage.

## 7. Une enquête sur les films que préfèrent les Français

Voici les résultats d'une enquête sur les genres de films que préfèrent …

| *les jeunes* | | *les adultes* |
|---|---|---|
| 65 % | films comiques | 50 % |
| 18 % | films d'amour | 21 % |
| 21 % | westerns | 21 % |
| 36 % | films d'horreur | 6 % |
| 14 % | films historiques | 24 % |
| 40 % | films de science-fiction | 14 % |
| 49 % | films d'aventures | 33 % |

a) *Regardez les résultats de l'enquête. Il y a des mots que vous n'avez pas encore appris, mais que vous comprendrez quand même. Quels sont ces mots? Traduisez-les en allemand.*

b) *Lisez:*
– Les jeunes: 65 % préfèrent …
– Les adultes: 50 % préfèrent …

c) *Comparez.*
Les jeunes aiment mieux / moins / autant les films … que les adultes.
*ou:*
Il y a plus de / moins de / autant de jeunes que d'adultes qui aiment …

d) *Et vous? Quel genre de film préférez-vous?*

## 8. A vous. *Répondez aux questions.*

1. Qui donne de l'argent de poche, en général?
2. Qu'est-ce que tu fais pour avoir de l'argent de poche?
3. Qu'est-ce que tu fais avec ton argent?
4. Dis pourquoi tu fais des économies ou pourquoi tu n'en fais pas.
5. Qu'est-ce qu'on ne peut pas acheter avec de l'argent?

*Un cinéma sur les Champs-Elysées*

# A Le système scolaire français

**2 à 6 ans**

**Ecole maternelle**
Presque tous les enfants y vont, au moins pendant un ou deux ans. Les écoles maternelles françaises ne coûtent rien.

**6 à 11 ans**

**Ecole élémentaire**
Tous les enfants ont cinq ans d'enseignement élémentaire.

| 11 à 15 ans | |
|---|---|
| | sixième ($6^e$) |
| | cinquième ($5^e$) |
| | quatrième ($4^e$) |
| | troisième ($3^e$) |

**Collège**
Il dure quatre ans. Tous les enfants de onze à quinze ans y vont.

| 15 à 18 ans | | Lycée |
|---|---|---|
| | seconde ($2^e$) | |
| | première ($1^{ère}$) | |
| | terminale | |

Le lycée conduit au baccalauréat (bac), dont il existe différents types. Les lycéens qui entrent en première choisissent le type de bac qu'ils passeront, par exemple le bac A s'ils aiment les langues ou le bac C s'ils sont bons en mathématiques. On a besoin du bac pour entrer à l'université.

**Lycée d'Enseignement Professionnel** (2 ans)

Au Lycée d'Enseignement Professionnel (L.E.P.), les élèves apprennent un métier, par exemple le métier de mécanicien ou de boucher.
En plus, le L.E.P. donne un enseignement général. A la fin du L.E.P., les élèves passent un examen professionnel.

**Apprentissage** (2 ans)

Les jeunes peuvent également apprendre leur métier dans une entreprise. Pendant ce temps, ils reçoivent un salaire. A la fin de leur apprentissage, ils doivent passer un examen professionnel, comme au L.E.P.

## Reparlons du texte.

1. Qui va à l'école maternelle?
2. Il y a combien d'années d'enseignement élémentaire en France? Et en Allemagne?
3. Comment s'appellent les classes du collège?
4. A quelles classes, dans le système scolaire allemand, correspondent les classes du collège?
5. Quel âge ont les élèves du lycée?
6. Comment s'appellent les classes du lycée?
7. A quel examen conduit ce type d'école? Qu'est-ce que vous savez sur cet examen?
8. Quelles possibilités s'offrent aux jeunes qui ne vont pas au lycée?

# Le Foyer Social du Raincy

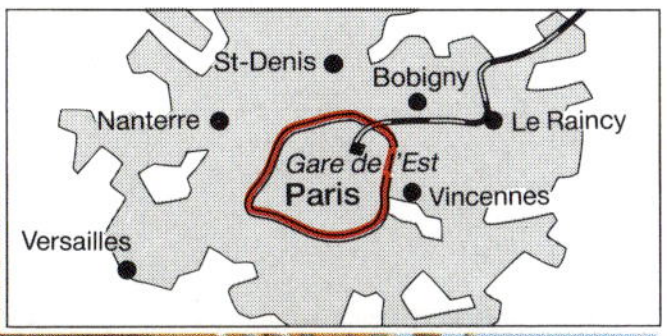

*Le Raincy: centre-ville*

**1.** Une gare, avec une place devant, où s'arrêtent les cars. Sur la place, le Café Terminus, avec sa terrasse. Quelques rues, avec de petits magasins: des boucheries, des charcuteries, des épiceries ...
C'est Le Raincy. On pourrait penser à une petite ville de province, mais c'est dans la banlieue de Paris, à un quart d'heure de train de la gare de l'Est. Beaucoup de gens du Raincy travaillent à Paris; ils partent tôt le matin et rentrent tard le soir. Ainsi, les contacts personnels sont assez difficiles. Alors, un groupe d'amis a installé, près de la gare, un centre de rencontre: le «Foyer Social». Là, il y a une bibliothèque, une salle des fêtes, des ateliers pour différentes activités, et une permanence où les gens qui ont des problèmes peuvent toujours trouver quelqu'un pour les aider.
Le soir, on se retrouve au Foyer pour parler de choses et d'autres.

**2.** Voici les jeunes qui sont venus aujourd'hui. Ils se présentent:

| | | | | |
|---|---|---|---|---|
| *Je m'appelle* | Stéphane | Didier | Muriel | Martine |
| *J'ai* | 15 ans | 15 ans | 16 ans | 17 ans |
| *Je suis élève de* | $3^{e}$ au collège Pasteur | $3^{e}$ au collège Pasteur | $2^{e}$ à «Jeanne-d'Arc», un lycée privé | $1^{ère}$ A au lycée Albert-Schweitzer |
| *L'année scolaire prochaine* | j'irai au lycée | j'irai au L.E.P. si je ne trouve pas de place d'apprentissage | je choisirai mon type de bac | je passerai mon bac – et après, je chercherai du travail! |
| *Mes passe-temps préférés:* | lire; jouer au ping-pong | réparer des mobylettes; jouer de la guitare | photographier des animaux; m'occuper de mes deux chats | jouer au tarot; faire de la poterie |
| *Je voudrais* | être journaliste | être mécanicien | faire des études de biologie | travailler dans une agence de voyages |

**3.** Comme adultes, il y a ce soir:

- Madame Terrier, 40 ans, secrétaire à la mairie du Raincy. Elle s'occupe du Foyer Social, le soir, après son travail.
- Le Père Durand, 30 ans, prêtre catholique, aumônier du lycée Albert-Schweitzer. Dans ce lycée, il s'occupe des élèves: ils peuvent aller le trouver lorsqu'ils ont des problèmes personnels.
- Rainer Lange, 22 ans, étudiant à Göttingen, assistant d'allemand du lycée Albert-Schweitzer.

## B A vous

a) *Présentez-vous, comme l'ont fait les jeunes du texte.*

b) Tu passes tes vacances en France. Dans un magazine de jeunes, tu lis ces annonces:

> Désire correspondre avec jeunes de 15 à 17 ans de tous pays. J'ai 15 ans. Passe-temps: les boums du samedi soir; écouter de la musique pop. Envoyez-moi votre photo. A bientôt.
> Roger Moro. 11, rue Auguste.
> 30000 Nîmes

> J.F. de 14 ans voudrait correspondre avec garçons et filles de tous pays. J'aime la nature et les animaux. Ecrivez en français. Je répondrai tout de suite.
> Sophie Dubois. 22, route des Sables.
> 17000 La Rochelle

*Réponds à une de ces annonces.*

# Une soirée au Foyer

**1.** Les premiers qui arrivent ce soir, ce sont Stéphane et Didier. Ils se mettent à préparer du thé.

*Didier:* Je voudrais bien savoir pourquoi nos profs nous donnent autant de devoirs! Il m'a fallu plus de deux heures pour les faire.

*Stéphane:* A qui le dis-tu! Mon frère et moi, nous aimerions tellement jouer au ping-pong tous les jours, mais c'est impossible! En plus, c'est bientôt la fin du trimestre, et il faut penser aux bulletins. Mes parents ne diraient rien à cause d'une mauvaise note ou deux, mais ils seraient quand même déçus.

*Didier:* Moi, j'en ai marre. Surtout de notre prof de français. Tu te souviens, la semaine dernière, elle m'a mis un zéro à mon devoir parce que j'avais fait trop de fautes d'orthographe. Et après, j'ai plus rien fait en français. Eh bien, aujourd'hui, elle l'a écrit dans mon carnet de correspondance et je dois venir en retenue mercredi après-midi.

*Stéphane:* C'est vrai qu'elle est sévère; mais sans ça, on ferait rien; faut bien le reconnaître.

*Didier:* Peut-être, mais à ma place, toi aussi, tu perdrais courage ... Voilà, le thé est fait ... et voilà Muriel qui arrive. Toujours au bon moment, quand le travail est fini.

*Stéphane:* C'est pas pour rien qu'elle est à «Jeanne-d'Arc». Hein, Muriel, tu es comme Jeanne d'Arc. Toi aussi, t'entends des voix. Elles te disent: «Voilà, le travail est fait, tu peux te montrer.»

*Muriel:* Si vous saviez comme vous êtes bêtes, tous les deux! Je suis sûre que vous vous sentiriez bien dans notre lycée. Il y a une très bonne ambiance. Et puis, nos profs s'occupent beaucoup de nous. C'est pour ça qu'il y a autant d'élèves dans les écoles libres!

*Mme Terrier:* Bonsoir tout le monde! Oh, il y a du thé? Hmm! ... Merci, Didier. De quoi parliez-vous?

*Didier:* Cette Muriel, ce qu'elle veut, c'est réussir à tout prix pour gagner beaucoup d'argent.

*Muriel:* Mais non! J'aimerais avoir le bac pour faire des études de biologie. Si je devais passer ma journée dans un bureau à faire un travail qui ne m'intéresse pas, je deviendrais folle. Si je ne pouvais pas faire ce que j'aime, je ne pourrais pas faire du bon travail, tu comprends?

*Didier:* Tu parles! Tu n'es qu'une petite prétentieuse, et puis c'est tout!

*Muriel:* Didier, si tu continues, je m'en vais!

*Didier:* Eh bien, va-t'en! Tu me tapes sur le système!

*Stéphane:* Là, tu es allé trop loin, Didier. Tu n'aurais pas dû dire ça.

*Muriel:* Avec Didier, il est impossible de discuter!

*Mme Terrier:* Ecoute, Muriel, Didier ne pense pas vraiment ce qu'il a dit. Il a des soucis en ce moment. Il cherche une place d'apprentissage dans un garage, mais c'est tellement difficile à trouver!

**2.** *Muriel:* Oh! regardez qui arrive!

*Martine:* Salut, les amis. Je vous amène le Père Durand, notre aumônier, et un de nos profs.

*Mme Terrier:* Bonsoir, mon Père. Bonsoir, monsieur.

*Le Père Durand:* Bonsoir, madame. Je viens vous présenter Rainer Lange. C'est l'assistant d'allemand du lycée Albert-Schweitzer. Il n'est là que depuis un mois. Il ne connaît pas encore beaucoup de gens ici. Alors, j'ai pensé au Foyer Social.

*Mme Terrier:* Vous auriez dû venir plus tôt, Rainer. Vous auriez fait des connaissances. Nous nous serions occupés de vous.

*Rainer:* Merci, mais vous savez, je crois que je ne serais jamais venu seul, je n'aurais pas osé. C'est très gentil, mon Père, de m'avoir accompagné ici.

*Mme Terrier:* Vous êtes d'où, en Allemagne, Rainer?

*Rainer:* Je suis étudiant en français à l'université de Göttingen, et ici, je donne des cours d'allemand.

*Mme Terrier:* Ah bon? C'est intéressant, ça. Pourriez-vous nous dire s'il y a une différence entre les systèmes scolaires allemand et français?

*Rainer:* Oui. Il y en a même plusieurs. D'abord, tous les enfants français de onze à quinze ans vont au collège. Chez nous, il y a différents types d'écoles pour les élèves de cet âge.

*Le Père Durand:* Quand est-ce que vos lycéens passent leur bac?

*Rainer:* Au bout de treize ans: chez nous, ça dure un an de plus qu'en France. J'ai l'impression que les élèves français n'ont pas la vie facile! Ils doivent apprendre autant de choses que nous en moins de temps.

*Le Père Durand:* Tiens! je ne l'aurais pas pensé.

*Didier:* Viens, Stéphane, on va faire nos valises. On part en Allemagne.

*Rainer:* Pas si vite! N'oubliez pas qu'en été, vous avez deux mois et demi de vacances. Nous, on n'a que six semaines.

*Didier:* Bon. Alors, on reste.

*Rainer:* Autre chose: en France, pendant les récréations, à la cantine, à la permanence, il y a des surveillants; comme ça, les professeurs n'ont pas besoin de s'occuper des élèves, entre les cours. Chez nous si! Et nos professeurs ne peuvent pas, comme ici, envoyer à la permanence un élève qui a fait des bêtises en classe.

*Le Père Durand:* Ah bon? Les pauvres! ... Oh, il est déjà neuf heures! Excusez-moi, je m'en vais. J'ai rendez-vous avec les parents d'un élève. Au revoir, tout le monde!

*Stéphane:* Nous aussi, on s'en va, Didier et moi. On a une interrogation écrite demain. On doit se coucher tôt. Au revoir, et à la prochaine!

*Les autres:* Au revoir.

*Muriel:* Et nous, qu'est-ce qu'on fait? On pourrait encore rester un moment, non?

*Mme Terrier:* Bien sûr.

*Martine:* Vous savez ce qu'on va faire? On va apprendre à Rainer à jouer au tarot.

*– Quoi! Tu as eu un zéro en histoire? Mais – elle vient juste de commencer*

## 1. Reparlons du texte.

a) *Relevez toutes les informations que les textes B et C donnent sur les personnages. Faites ensuite le portrait de chaque personnage. (Vous pouvez faire ce travail en groupes.)*

b) *Voici des phrases que les personnages du texte auraient pu dire. A votre avis, qui aurait pu dire quoi? Justifiez votre réponse.*
1. Bien sûr, plusieurs de nos profs sont assez sévères. Mais moi, je les comprends: avec toutes les bêtises qu'on fait en classe …
2. Chez nous, les cours ne durent que 45 minutes.
3. Hier, un jeune est venu me voir. Chaque fois qu'il a une mauvaise note, ses parents le punissent très sévèrement. Il m'a demandé de leur parler.
4. J'en ai marre de ces filles qui se prennent trop au sérieux!
5. Les mathématiques, ça m'intéresse. Et quand quelque chose m'intéresse, j'ai des bonnes notes. Mais quand quelque chose m'ennuie, alors là, zéro!

c) *Relevez, dans le texte, les expressions qui sont en français familier.*

## 2. Les métiers

a) *Formation de mots. Exemple:*
Le boulanger et la boulangère travaillent dans une …
1. bouchère; 2. pâtissier; 3. épicerie;
4. charcutière; 5. marché.

b) *Dites où ils travaillent.*
1. les douaniers; 2. les pêcheurs; 3. les secrétaires;
4. les mécaniciens; 5. les concierges.

c) *Expliquez ce que c'est. Exemple:*
– Qu'est-ce qu'un routier?
– C'est un homme qui conduit des camions.
1. un journaliste; 2. une étudiante; 3. un professeur;
4. une vendeuse; 5. une animatrice.

## 3. Dialogues (§ 21) *Mettez les verbes au futur simple et au conditionnel présent.*

*Exemple:* – L'année prochaine, je **passerai** mes vacances en Bretagne.
– Moi, à ta place, je ne **passerais** pas mes vacances en Bretagne. Il y pleut trop souvent.

1. – L'année scolaire prochaine, je … mon type de bac. — *choisir*
– Moi, à ta place, je … le bac A. Tu es bon en langues.
2. – En octobre, mes parents … leur voiture. — *vendre*
– Mes parents, eux, ne … jamais une voiture qui n'a que 2000 km.
3. – Dans deux ans, mon père aura 60 ans et il pourra enfin arrêter de travailler. Il … alors très heureux. — *être*
– Mon père, lui, ne … pas heureux. Il aime tellement son travail!
4. – En août, ma sœur et moi, nous … du camping. — *faire*
– C'est vrai? Moi et ma sœur, nous ne … jamais de camping ensemble. Ce serait la guerre sans arrêt.
5. – Hé, les copains, mon oncle d'Amérique m'a invité chez lui. Le mois prochain, je … aux Etats-Unis. — *partir*
– Nous … bien avec toi. Tu as vraiment de la chance!

## 4. Que faire après la troisième? (§ 21)

Un professeur de 3e parle à ses élèves. *Mettez les verbes au conditionnel présent.*

| | |
|---|---|
| 1. A ta place, Anne, j' … au lycée. En première, tu … ton type | *aller, choisir* |
| de bac. Tu … en C: tu es bonne en mathématiques. Les cours | *s'inscrire* |
| de maths te … sûrement et tu … des bonnes notes dans cette | *plaire, avoir* |
| matière. En plus, tu … continuer à apprendre des langues. | *pouvoir* |
| A 18 ans, enfin, tu … le bac et ensuite, tu … des études | *passer, faire* |
| à l'université. | |
| 2. Je sais, Corinne et Stéphane, vous en avez assez de l'école et | |
| vous … gagner de l'argent le plus vite possible. Mais moi, à | *vouloir* |
| votre place, je … quand même un peu. J' … au moins de trouver | *réfléchir, essayer* |
| une place d'apprentissage. Comme ça, vous … moins le risque | *courir* |
| de vous retrouver au chômage plus tard. | |
| 3. A votre place, Serge et Sylvie, j' … au L.E.P. Non seulement | *aller* |
| vous … un métier, mais, en plus, on vous … un enseignement | *apprendre, donner* |
| général. Bien sûr, vous … beaucoup travailler et vous ne | *devoir* |
| … pas encore de salaire. Mais vous … pas mal de choses | *recevoir, voir* |
| intéressantes. Au bout de deux ans, il vous … passer un examen | *falloir* |
| professionnel. Avec cet examen, vous … sûrement vous débrouiller | *savoir* |
| pour trouver une place dans une entreprise. | |

## 5. Je rêve. (§ 22)

*Exemple:* Je rêve de faire un très long voyage.
Je **ferais** la connaissance de beaucoup de gens. Je … . *Continuez.*
*(Par exemple:* voir de nombreux pays; de chaque pays, envoyer une carte à ses amis; acheter beaucoup de choses intéressantes; ne revenir qu'au bout de deux ans; …)

*A vous.* Je rêve … 1. d'une moto; 2. de deux mois de vacances en France; 3. de jouer d un groupe de rock; 4. d'un métier qui me plairait beaucoup; 5. d'avoir un ami / une amie; 6.

## 6. Pourquoi, Didier? (§§ 21, 22)

Le lendemain de la discussion au Foyer, Mme Terrier parle à Didier. *Employez le conditionnel passé.*

– Didier, pourquoi est-ce que tu as été si dur avec Muriel? Moi, à ta place, je n'**aurais** pas **été** si dure avec elle.

Pourquoi est-ce que …
1. tu t'es mis en colère?
2. tu lui as parlé comme ça?
3. tu t'es montré si méchant avec elle?
4. tu n'as pas essayé de la comprendre?
5. tu ne t'es pas excusé?
6. tu es parti sans lui dire au revoir?

– *Tu vois, on aurait dû amener le chat, ça l'aurait intéressé.*

## 7. Tu ne sais pas quoi faire? (§ 23)

*Faites des dialogues. Exemple:*
– Tu ne sais pas quoi faire, Muriel? Et si tu **regardais** la télé?
– Regarder la télé? Hum! Si je **regardais** la télé, est-ce que tu la **regarderais** avec moi?
– Oui, je veux bien. / Oui, pourquoi pas? / Non, ça ne me dit rien. / Non, je n'aime pas … / …

1. Nadine – lire Astérix
2. Jacques – écrire une lettre à son correspondant allemand
3. Danielle – apprendre à jouer au tarot
4. Patrick – jouer au ping-pong
5. Nicolas – faire du vélo
6. Gérard – courir un cent mètres
7. Martine – finir ses devoirs
8. Noëlle – préparer le repas
9. Jean-Paul – mettre la table
10. Marie-Laure – sortir
11. Didier – aller au cinéma

## 8. Ce que Martine et Muriel pensent des lycées privés. (§ 23)

*Accordez les verbes*

| | |
|---|---|
| a) *Martine:* 1. Si les lycées privés ne … rien, il y … encore | *coûter, avoir* |
| plus de parents qui y … leurs enfants. 2. Mais moi, si | *envoyer* |
| j' …, par exemple, dans un lycée catholique, je ne … pas bien. | *être, se sentir* |
| 3. S'il me … suivre des cours de religion, ça ne me … pas*. | *falloir, plaire* |
| 4. Si vous, les jeunes des lycées privés, vous … quelques | *prendre* |
| cours chez nous, vous … que l'ambiance n'est pas si mauvaise que ça. | *voir* |
| b) *Muriel:* 1. Si, chez nous, l'ambiance n' … pas meilleure que | *être* |
| chez vous, nous n' … pas autant d'élèves. 2. Si nos professeurs | *avoir* |
| ne … pas autant de nous, nos résultats scolaires … beaucoup | *s'occuper, être* |
| moins bons. 3. Si on me … dans une classe de 40 élèves, je | *mettre* |
| … folle. 4. J'aime bien Martine. Si nous … toutes les deux | *devenir, aller* |
| à «Jeanne-d'Arc», nous … passer beaucoup plus de temps ensemble. | *pouvoir* |

## 9. Supposons. (§ 23)

*Exemple:* Dans un grand magasin, quelqu'un vole quelque chose devant toi.
*(Tu appelles tout de suite une vendeuse. / Tu essaies de parler à cette personne. / Tu … )*
⟶ Si, dans un grand magasin, quelqu'un **volait** quelque chose devant moi, j' …

1. Tu rentres très tard un soir. *(Tes parents se font du souci. / Ils ne disent rien. / … )*
2. Tu as un très mauvais bulletin. *(Tes parents te punissent. / Ils essaient de te redonner du courage. / … )*
3. Ton copain / ta copine est en retard à un rendez-vous. *(Tu ne l'attends pas. / Tu l'attends au moins pendant une demi-heure. / … )*
4. Tu demandes de l'argent à ta mère. *(Elle le donne sans poser de questions. / Elle le donne, mais elle veut savoir ce que tu vas en faire. / … )*
5. Un dimanche matin, à 7 heures, tes parents te proposent de faire une promenade avec eux. *(Tu ne te lèves pas. / Tu te lèves tout de suite. / … )*
6. Pour tes vacances, tu peux choisir entre un séjour en France et un séjour en Angleterre. *(Tu préfères aller en France. / Tu préfères aller en Angleterre. / … )*

* *(En France, dans les collèges et lycées d'Etat, il n'y a pas de cours de religion.)*

## 10. L'école en France et en Allemagne

a) Nicole et Pierre Roussel sont chez Jörg Lenz, à Marbourg (L 4 A, Ex. 2). Un après-midi, les jeunes parlent de l'école. Il y a aussi Michaela, la copine de Jörg. Michaela, 14 ans, est élève de huitième dans une «Realschule». Elle n'apprend le français que depuis un an. *Prenez les rôles des quatre jeunes. Complétez.*

*Pierre:* Dis donc, Jörg, c'est vrai que tu as eu un deux à ton interro écrite de maths? Tes parents ne vont pas être contents, hein?

*Jörg:* Mais si, ...

*Nicole:* Ah bon? Alors, explique-nous le système des notes, chez vous.

*Jörg:* ...

*Pierre:* Ce n'est pas du tout comme ça chez nous. En France, 20, c'est ... et zéro, ...

*Michaela:* Worüber habt ihr gerade gesprochen?

*Jörg:* ...

*Michaela:* Das ist ja'n Ding. Du, was mich noch interessieren würde: Frag die beiden mal, ob es in Frankreich für Schüler unseres Alters auch verschiedene Schularten gibt.

*Jörg:* ...

*Nicole:* Non, pour les élèves de 11 à 15 ans, ...

*Jörg:* ...

*Michaela:* Das ist wohl so ungefähr wie die Gesamtschule bei uns.

*Pierre:* Je sais que Michaela est dans une «Realschule» et que toi, Jörg, tu vas au «Gymnasium». Quelle est la différence entre ces deux types d'écoles?

*Jörg:* Du, Michaela, Pierre will wissen, .... Eine schwierigere Frage kann er wohl nicht stellen!

*Michaela:* Sag ihm doch einfach, daß die Realschule bis zur 10. Klasse geht und daß man anschließend normalerweise einen Beruf erlernt, falls man einen Ausbildungsplatz findet,

*Jörg:* – und daß das Gymnasium zum Abitur am Ende der 13. Klasse führt. O.k., versuchen wir's mal. Alors, ...

*Nicole:* Vous êtes en quelle classe?

*Jörg:* Moi, je suis en neuvième et Michaela en huitième.

*Pierre:* Je crois que, chez nous, ça correspond ...

*Michaela:* Du hast wohl gesagt, daß du ... und daß ich .... Aber Pierre habe ich nicht verstanden.

*Jörg:* ...

*Michaela:* Puh, das wird mir zu schwierig. Übrigens muß ich jetzt gehen. Ich hab gleich noch Gitarrenstunde. Also, tschüs.

*Jörg:* Michaela doit ... Tschüs, Michaela!

*Nicole et Pierre:* ...

b) *A vous.*
*Parlez, à propos des mots clés que voici, des différences entre les systèmes scolaires français et allemand:*

- la journée de l'élève
- le carnet de correspondance
- les retenues
- les surveillants
- la permanence
- les bulletins et les examens

**CORRESPONDANCE ENTRE LE COLLEGE ET LES PARENTS**

| DATE | CORRESPONDANCE | Signature et qualité de l'informateur | Signature et qualité du destinataire |
|---|---|---|---|
| 4.3.84 | Le professeur de mathématiques sera absent le mardi 8 mars. | Carré, Prof. de math. | G. Duvoisin |
| 7.3.84 | Didier ne fait plus rien en français. Prière de prendre rendez-vous avec le professeur. | Moreau, prof. de français | G. Duvoisin |

Leçon **7**

# La Louisiane

## 1. Au nom du roi

Tout le monde sait que La Nouvelle-Orléans («New Orleans» en anglais) se trouve aux Etats-Unis, en Louisiane. Mais savez-vous que cette ville a été pendant longtemps une ville française, et que la Louisiane porte ce nom en l'honneur de Louis XIV, roi de France?

C'est au 17ᵉ siècle que tout a commencé: les Français, les Anglais et les Espagnols avaient pris pied dans le nord, l'est et le sud de l'Amérique du Nord. Ils essayaient tous d'avancer le plus loin possible dans le pays et de s'y installer. Les Indiens, eux, ne voulaient pas quitter des terres, qui, toutes, leur appartenaient depuis toujours.
Les Français avaient une petite colonie qu'ils appelaient la Nouvelle-France.
Elle était située dans le nord-est, autour de la ville de Québec. Au printemps de 1676, Frontenac, le gouverneur de cette colonie, a envoyé en France, à la cour de Versailles, un homme de 33 ans, Robert de La Salle. Celui-ci a présenté à Louis XIV le projet d'une expédition très importante: l'exploration du Mississippi. On savait que ce grand fleuve, que les Indiens appelaient «Més-a-sipih» (père des fleuves), se jetait dans le golfe du Mexique, mais personne n'était arrivé à le descendre jusqu'à son embouchure. L'idée de La Salle, c'était d'en faire une grande route commerciale qui, bien sûr, appartiendrait aux Français et empêcherait les Anglais et les Espagnols de prendre pied dans cette région. Cette idée a beaucoup plu à Louis XIV. Il a donné l'ordre à La Salle d'explorer, au nom du roi de France, le pays situé entre le St-Laurent, les Grands Lacs et le golfe du Mexique, et d'en faire une nouvelle colonie française qui serait dix fois plus grande que la France.

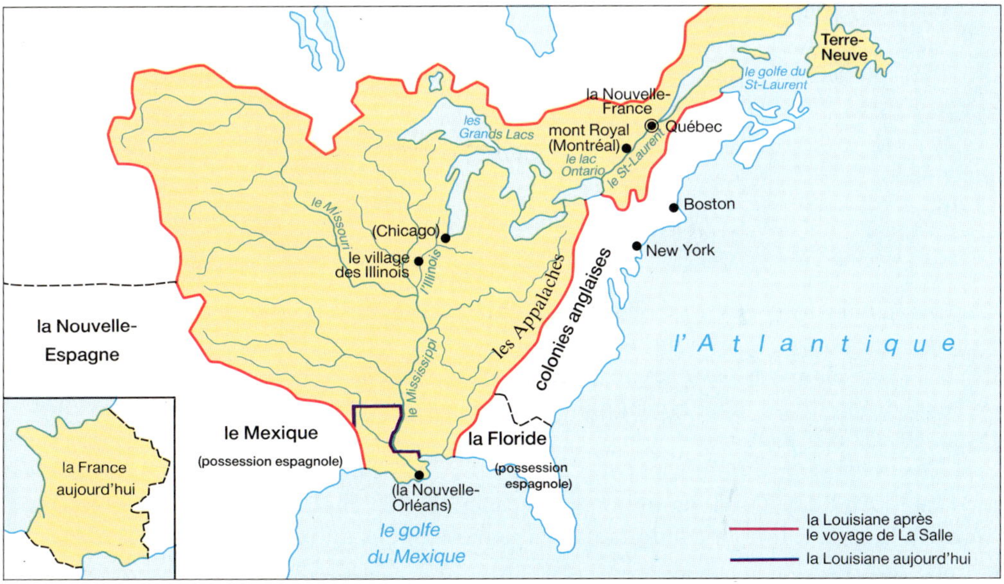

## 2. En route vers l'inconnu

Après être retourné à Québec, La Salle a commencé son expédition, pendant l'été de 1677 Ses hommes devaient d'abord transporter tout le matériel jusqu'au lac Ontario, où se trouvait le poste français le plus avancé au pays des Indiens. Ensuite, pour arriver au Mississippi, La Salle voulait prendre le chemin le plus facile: traverser les Grands Lacs en bateau jusqu'à l'endroit où se trouve aujourd'hui Chicago, continuer à pied à travers les forêts et descendre le fleuve Illinois en canoë jusqu'au Mississippi.
Ainsi, La Salle et ses hommes avaient devant eux un voyage de 4000 km. Tous savaient que l'expédition durerait plusieurs années et qu'ils rencontreraient d'énormes difficultés: il n'y aurait pas seulement les Indiens, mais aussi des animaux dangereux, le grand froid de l'hiver, la neige, la chaleur de l'été, la faim, les maladies …
C'est pourquoi La Salle était bien content d'avoir avec lui Henri de Tonti, son meilleur ami. Pendant une guerre, Tonti avait perdu sa main droite. A la place, on lui avait mis une main de fer. Celle-ci devait jouer d'ailleurs un rôle important …

## 3. Une situation dangereuse

C'est en janvier 1678 que La Salle et ses hommes sont arrivés chez les Illinois, une tribu indienne qui portait le nom du fleuve. Ceux-ci avaient déjà vu des Blancs et, en général, ils ne les considéraient pas comme des ennemis. Mais d'autres Indiens leur avaient parlé de l'expédition de La Salle et ceux-là croyaient que les Français voulaient chasser les Peaux Rouges de leurs terres. Quand La Salle et ses hommes sont arrivés avec leurs canoës au village des Illinois, la tribu attendait au bord du fleuve, dans un silence menaçant. Au bout d'un long moment, Nacanapah, leur chef, a fait signe à La Salle et à Tonti de le suivre. Il les a conduits dans une tente où les autres chefs de la tribu étaient assis autour d'un feu.

– Nous avons eu froid sur le fleuve. Nous vous demandons la permission de nous chauffer autour de vos feux, a dit Tonti. Et La Salle a ajouté:
– Nous ne désirons pas rester longtemps. Notre grand chef, à Québec, nous a demandé de saluer le grand peuple des Illinois, et de repartir. Nous vous laisserons en paix.
Mais les Indiens se taisaient. Personne n'a invité les deux hommes à s'asseoir. Au bout de plusieurs minutes, enfin, Nacanapah a parlé:
– Tu mens, Lassalli. Tu es un espion. Tu veux faire notre malheur. Beaucoup de Blancs viendront et le sang des Indiens coulera.
La Salle n'a rien répondu. Il sentait le danger. Lui et ses hommes n'étaient que trente contre plus de mille Indiens. Serait-ce la fin? Après un court silence, Nacanapah a dit:
– Voilà ce que je pense de toi, Lassalli. Maintenant, réponds.
Que dire? La Salle savait que de sa réponse dépendraient sa vie et celle de ses hommes.
A ce moment, un des Indiens a dit quelques mots à son voisin et lui a montré la main droite de Tonti. Peu de temps après, tous les Illinois regardaient cette main. Ils étaient vraiment très surpris. Pendant que Nacanapah parlait, Tonti s'était approché du feu et avait mis sa main de fer dans les flammes.
– Maintenant, je n'ai plus froid, a-t-il dit, la main dans le feu.
Puis, il l'a montrée à son voisin. Celui-ci, qui n'avait jamais vu une main de fer, l'a prise et a poussé un cri:
– Elle est aussi chaude que le feu!

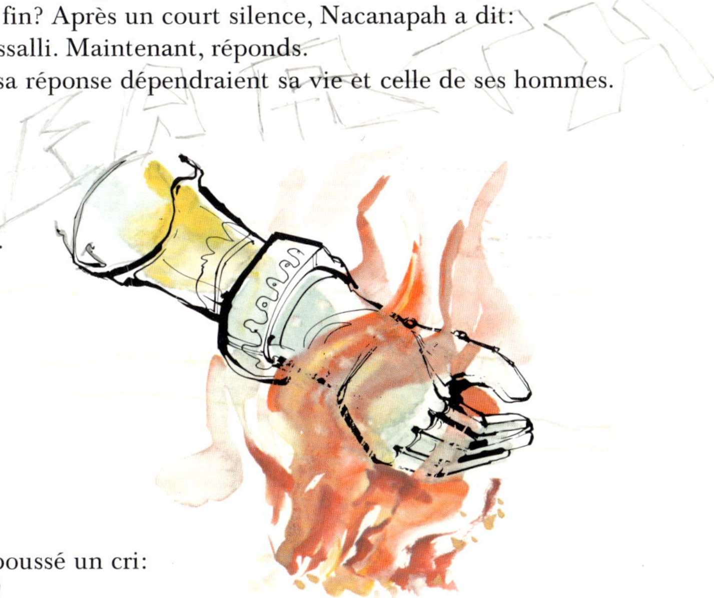

La Salle a tout de suite profité de la situation:
– Tu dois excuser mon ami. Il se sert de cette main pour lancer des éclairs. C'est pour ça que les flammes ne la brûlent pas.
Les Illinois ne savaient plus quoi dire. A ce moment, l'ambiance a changé. Les Indiens se sont dit que ces Blancs étaient plus forts que le feu et qu'il serait bon de les avoir comme amis. Alors, ils ont demandé à La Salle et à ses hommes de rester. Le soir, ils leur ont offert un grand repas, et Nacanapah a même invité La Salle à fumer le calumet de la paix.

## 4. Le golfe du Mexique

Les Français se sont mis à construire un fort près du village des Illinois. Puis, La Salle a dû retourner à Québec pour acheter du matériel. Mais, quand il est revenu, après un voyage de huit mois, il a appris que les Iroquois, une autre tribu indienne, avaient brûlé le fort et tué la plus grande partie de ses hommes. La Salle a compris qu'il lui fallait tout recommencer. Mais il n'a pas perdu courage: il est retourné à Québec, il a vendu ce qui lui restait et il est reparti une troisième fois pour le golfe du Mexique. Cinq mois après, il est arrivé au Mississippi et il l'a descendu avec 25 hommes.

noch 10 min.

*La Salle prend possession de la Louisiane au nom du roi de France.*

Le 7 avril 1682, La Salle et ses hommes constatent q le courant du fleuve devient de plus en plus faible. Ils sentent déjà l'air de la mer.
Ils voudraient bien continuer, mais, comme la nuit approche, ils s'installent au bord du fleuve. Pendant que ses hommes cherchent du bois, La Salle monte sur une dune pour regarder autour de lui. A gauche et à droite, rien que des dunes, mais, juste derrière celles qui se trouvent en face de lui, il y a ... la mer!
Ainsi, six ans après sa visite à Versailles et cinq ans après son premier départ, La Salle a réalisé son projet: explorer le pays inconnu, situé entre le St-Laurent et le golfe du Mexique, et en faire une nouvelle colonie française. Il lui donne, en l'honneur du roi de France, le nom de Louisiane.

### 5. Les Français en Louisiane

La Louisiane – avec sa capitale La Nouvelle-Orléans, fondée en 1718 – a été française pendant une partie du 18e siècle. Beaucoup de Français sont venus s'y installer. En 1803, Napoléon l'a vendue aux Etats-Unis pour 80 millions de francs, parce qu'il avait besoin d'argent pour ses guerres en Europe. Pour vendre ou acheter les terres d'Amérique du Nord, personne ne demandait plus l'avis des Indiens! Ainsi, ce que Nacanapah avait dit s'est réalisé: les Blancs ont chassé les Peaux Rouges de leurs terres, et beaucoup de sang a coulé, surtout celui des Indiens.

*Indien d Mississi*

*La Nouvelle-Orléans: le vieux quartier français*

Aujourd'hui, la Louisiane est moins grande qu'autrefois. Ce n'est plus que la région située à l'embouchure du Mississippi. Elle est un des cinquante Etats des U.S.A. On y rencontre encore des personnes qui parlent le français, mais elles ne forment qu'une minorité.
Par contre, la province de Québec, au Canada, là où La Salle avait commencé son expédition, est restée jusqu'à nos jours une région de langue et de culture françaises.

## 1. Reparlons du texte.

**Au nom du roi**

1. Dites où les Français étaient installés, en Amérique du Nord, au 17e siècle.
2. Pourquoi est-ce que les Blancs avaient, alors, des problèmes pour s'installer dans le pays?
3. Quel projet est-ce que Robert de la Salle a présenté au roi de France, à Versailles?
4. Pourquoi est-ce que l'idée de La Salle a beaucoup plu à Louis XIV?

**En route vers l'inconnu**

1. Regardez la carte, page 55. Décrivez le chemin que La Salle voulait prendre pour arriver au Mississippi.
2. Quelles étaient les difficultés qui attendaient l'expédition française?

**Une situation dangereuse**

Résumez ce paragraphe: 1. Faites le plan; 2. Donnez un titre à chaque partie; 3. Résumez, en quelques phrases, le contenu de ces parties. Employez le présent.

**Le golfe du Mexique**

Expliquez pourquoi on dit, dans ce paragraphe:
1. La Salle a dû «tout recommencer». 2. «La Salle a réalisé son projet.»
3. Il donne à la nouvelle colonie «le nom de Louisiane».

**Les Français en Louisiane**

1. Relevez, dans les pages 55 à 58, les dates données. Racontez l'histoire de la Louisiane: servez-vous de ces dates.
2. Expliquez en quoi Nacanapah avait raison.
3. Comparez la situation de la langue française en Louisiane et au Québec.

## 2. Complétez par des mots de sens contraire.

1. La Salle et ses hommes ont rencontré, pendant l'hiver, le grand froid, et pendant ..., la grosse ....
2. En général, les Illinois considéraient les Blancs comme des amis; par contre, les Iroquois les considéraient comme ....
3. Quand les Français sont arrivés chez les Illinois, on n'entendait pas un seul bruit; tous les Indiens attendaient dans un ... menaçant.
4. Plus tard, dans la tente, La Salle a parlé aux chefs de la tribu; mais ceux-ci ....
5. Ce n'est qu'au bout de plusieurs minutes que Nacanapah lui a répondu: «Lassalli, ce que tu dis n'est pas vrai.» La Salle a dit: «Si! Je ne ... pas.»
6. Et il a ajouté que les Blancs ne voulaient pas faire le malheur des Indiens, mais que, dans quelques années, une nouvelle route commerciale ferait leur ....
7. Il a expliqué: «Nous ne voulons pas la guerre. Nous voulons la ... entre nos peuples.»
8. Les Indiens savaient que les Blancs étaient plus forts qu'eux. Et ils se considéraient comme trop ... pour leur faire la guerre.

## 3. Les quatre saisons

Il y a quatre saisons:
le printemps, l'été, l'automne [lotɔn] et l'hiver.

a) Quelle saison est-ce que vous préférez? Pourquoi?
(Parlez, par exemple, du temps qu'il fait
**au** printemps, **en** été, **en** automne et **en** hiver.)
b) Parlez de votre anniversaire (Date, saison, signe du zodiaque).
Dites comment vous le fêtez.

## [4. Au téléphone] (§ 25)

Muriel téléphone à Martine. *Ecoutez ce que Muriel dit:*

– Allô! C'est moi, Muriel. …
– Oui. Je suis seule à la maison. …
– Mes parents sont partis ce matin. …
– Ils ont décidé de passer le week-end à Deauville. …
– Ils ne reviendront pas avant dimanche soir. …
– Cet après-midi? Je ferai quelques courses. …
– Non, ce soir, je sortirai avec Didier et Stéphane. …
– Ils m'ont proposé d'aller au cinéma avec eux. …
– Au Rex. On joue «Notre-Dame de Paris». …
– Demain, je serai libre toute la journée. …
– Bien sûr, nous pourrons faire quelque chose ensemble. …

a) *Qu'est-ce que Muriel dit à Martine?*
Elle lui dit qu'elle est seule à la maison.
Elle lui dit que ses parents …

b) *Après le coup de téléphone, Martine raconte à sa mère:*
Muriel m'a dit / raconté / expliqué qu
*(Pour relier les phrases, vous pouvez employer*
d'abord, puis, ensuite, après ça, de plus, …)

c) *Quelles questions est-ce que Martine a posées à Muriel?*
Elle lui a demandé / voulait savoir si / quand / où / ce que / pourquoi / ..

## [5. Au Canada] (§ 25)

«Nous sommes contents de vous recevoir à Montréal, la deuxième ville francophone du monde.»
C'est ce que le guide a dit lorsque le groupe de jeunes Français est arrivé. Ils sont venus pour découvrir un pays qui, pour beaucoup d'Européens, est presque inconnu. Les jeunes ont posé beaucoup de questions au guide:

a) *Lisez les questions et les réponses.*

1. – Le Canada a plus d'habitants que la France?
   ~ Le Canada a 25 millions d'habitants.
2. – Combien de Canadiens parlent français?
   ~ Le français est la langue maternelle de 6 300 000 Canadiens.
3. – Dans quelle province est-ce que la plus grande partie des gens parle français?
   ~ Le français est la langue officielle de la province de Québec.
4. – Pourquoi est-ce que Montréal est la deuxième ville francophone du monde?
   ~ Montréal a 2 820 000 habitants et la plus grande partie d'entre eux parle français.
5. – Est-ce qu'il y a encore des Indiens au Canada?
   ~ 1 % des Canadiens sont des Indiens.
6. – Est-ce qu'au Canada, les Blancs ont chassé les Indiens de leurs terres?
   ~ Ils l'ont fait jusqu'en 1763. Depuis cette date, ils n'ont plus le droit de le faire.
7. – Quand est-ce que les premiers Français sont arrivés au Canada?
   ~ Jacques Cartier et ses hommes ont été les premiers à explorer le Canada, en 1534.
8. – Jusqu'en quelle année est-ce que le Canada est resté une colonie française?
   ~ Le Canada est devenu anglais en 1763, à la fin de la guerre de Sept Ans.

[ ] Die in rechteckigen Klammern stehenden Übungen können in Bundesländern, in denen die Behandlung der indirekten Rede/Frage nach Tempora der Vergangenheit für das 3. Lernjahr nicht vorgesehen ist, entfallen.

9. – Depuis quand est-ce que le Canada est indépendant?
   ~ Notre pays est indépendant depuis 1936.
10. – Qu'est-ce que vous nous montrerez à Montréal?
   ~ Je vous montrerai le vieux quartier, la cathédrale, et puis l'église St-Joseph, la plus grande église du Canada.
11. – Nous ferons des excursions?
   ~ Vous irez aux chutes du Niagara et à Ottawa, la capitale du pays. Et si vous voulez, vous pourrez faire une promenade en bateau sur le fleuve Saint-Laurent.

b) *Mettez chaque question et chaque réponse au discours indirect. Exemple:*
Les jeunes ont demandé / voulaient savoir si le Canada …
Le guide a dit / a répondu / a expliqué que …

## [6. Bogis a une idée.] (§ 25)

Pendant le siège de Château-Gaillard, Bogis parle à son roi:
«Sire, je sais que les Anglais gardent bien le château. Mais j'ai quand même l'impression que la petite fenêtre qui se trouve en face de nous n'est pas gardée. Je suis sûr que les Normands n'y ont pas pensé. Je suis d'avis qu'on pourrait entrer dans le château par cette fenêtre. Je suis sûr que personne ne nous verrait, si on essayait de le faire. Je sais que vous n'espériez plus avoir une aussi bonne possibilité; alors je pense que vous me donnerez votre permission.»
Quelques années plus tard, Bogis raconte:
«Pendant le siège, j'ai parlé au roi. Je savais que …. *Continuez.*»

## 7. Reparlons de l'école. (§ 26)

*Complétez les questions par* tous les / toutes les, *puis répondez-y. Exemples:*

– Est-ce que **tous les** enfants français vont à l'école primaire?
– Oui, **tous.** [tus] / ils y vont **tous.** / **tous** y vont.
– Est-ce que les élèves français connaissent **toutes les** notes avant d'avoir reçu leurs bulletins?
– Non, pas **toutes.** / ils ne **les** connaissent pas **toutes.** Quelquefois, ils sont surpris.

Est-ce que ….
1. … écoles de France sont des écoles d'Etat?
2. … élèves français de onze à quinze ans vont au collège?
3. dans les collèges français, les élèves apprennent … langues d'Europe?
4. … villes françaises ont un lycée?
5. … types de lycées conduisent au baccalauréat?
6. … les jeunes qui veulent apprendre un métier trouvent une place d'apprentissage?
7. tu connais … noms des classes du lycée français?
8. tu aimes … matières que tu étudies à l'école?

## 8. Dans le train (§ 27) *Faites des dialogues. Exemples:*

a) 1. – Elle est à toi, cette valise?
– Non, c'est **celle de** Jean.

b) – Tu n'as pas vu ma valise?
– Ce n'est pas **celle-là?**
– Non, c'est **celle de** Jean.

1  Jean

2  Claire

3  Lucien

4 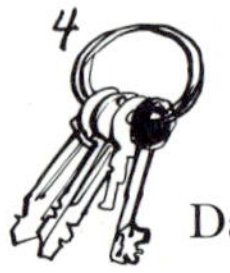 Danielle

5  Eric

6  Patrick

7  Olivier

8  Christine

## 9. A la maison (§ 27) *Faites des dialogues. Exemples:*

– Où est la revue allemande?
– Quelle revue?
– **Celle que** Patrick a achetée hier.

– Vous avez lu les deux annonces?
– Quelles annonces?
– **Celles dont** papa a parlé hier.

1. Tu n'as pas vu le disque de Bertrand? ... (Il plaît beaucoup à maman.)
2. Tu sais où sont les cigares? ... (Nous voulons les offrir à grand-père.)
3. Où est la carte de France? ... (Pierre s'en est servi hier soir.)
4. Où est-ce que tu as mis mes photos? ... (Je les ai faites en Allemagne.)
5. Qui a pris le livre de géo? ... (Il faut le rendre à Gérard.)
6. Dis, maman, je peux m'acheter la jupe? ... (Sa couleur te plaisait tellement.)
7. C'est toi qui as pris les timbres? ... (Ils étaient sur la petite table.)
8. Tu connais la nouvelle revue? ... (Son titre est si curieux: «Antirouille».)

## 10. Formation de mots

a) *Complétez la liste par des noms ou des adjectifs que vous avez déjà appris.*

| | | | |
|---|---|---|---|
| le malheur → malheureux / malheureuse | le danger → ... | ... nombreux / nombreuse | l'amour → ... |

b) *Voici des phrases avec des adjectifs que vous n'avez pas encore appris:*
1. Henri de Tonti était très *courageux*. Il n'avait pas souvent peur.
2. Il n'aimait pas beaucoup parler. C'était un homme *silencieux*.
3. Mais avec son meilleur ami, La Salle, il était toujours très *chaleureux*.
4. Pendant l'expédition, La Salle était, quelquefois, assez *soucieux*.
   Il était alors très content d'avoir Tonti avec lui.

*Cherchez les noms qui sont de la même famille que les adjectifs en italique.*
*Donnez une définition de ces adjectifs. Faites une phrase avec chaque adjectif de cet exercice.*

## 11. Astérix et Obélix chez les Indiens.

Astérix et Obélix sont arrivés, sans le savoir, en Amérique du Nord. Ils n'ont jamais vu d'Indiens, et les Indiens, non plus, n'ont jamais vu de Blancs. Mais les deux Gaulois et les Peaux Rouges ont vite fait connaissance. Ils ont fumé ensemble le calumet de la paix. Et un jour .... *Racontez l'histoire. Employez le passé.*

*un Gaulois:* ein Gallier; *un bison:* ein Büffel; *Tant mieux!:* Umso besser!; *le chien chaud:* traduisez en anglais. Qu'est-ce que c'est?; *jouer du tam-tam:* Tamtam trommeln; *une lance:* ein Speer; *un arc:* ein Bogen; *un tomahawk* [tɔmawak]; *un Ibère:* un Espagnol; *adorer:* aimer beaucoup; *Chut!* [ʃyt]: Pst!

# La guerre du feu

**Chaque été, les forêts brûlent dans le midi de la France et en Corse. Notre reporter Jeanne Crozet s'est rendu dans l'île pour voir comment vivent les hommes qui luttent contre le feu.**

Dans le ciel de Corse brille un soleil blanc et dur. Depuis des semaines, il n'a pas plu, et le matin déjà, la température atteint 30 degrés.

Un parfum lourd et chaud se dégage des pins où chantent les cigales. Elles ne craignent pas la grosse chaleur!

Moi si. Notre voiture monte lentement un chemin, dans la Montagne de Cagna, entre Sartène et Porto-Vecchio.

Je suis assise derrière Jacques Rossi et Martin Laurent, les pompiers qui surveillent la forêt.

– Qu'est-ce qu'il fait chaud! dis-je. Si, au moins, il faisait un peu de vent!

– Ne nous plaignons pas, madame, me dit Jacques Rossi. Vous savez, la chaleur, ce n'est pas grave. Le vent, par contre, on le craint comme le diable! C'est lui qui fait d'un petit feu un grand incendie. Malheureusement, on en prévoit pour demain.

Après avoir atteint le haut de la montagne, Jacques Rossi arrête la voiture et nous descendons. Nous avons une vue fantastique sur toute la région. Les deux hommes prennent leurs jumelles et regardent longuement tout autour d'eux.

– Non, aujourd'hui, on ne voit plus rien, dit enfin Martin Laurent.

Et il m'explique:

– Hier, nous avions vu de la fumée là-bas, au nord-ouest. Nous l'avons signalée par radio à nos collègues de Sartène. Espérons qu'ils ont réussi à éteindre le feu complètement.

# 8

## A 1. Reparlons du texte.

1. Regardez la carte, page 64. Dites où se trouvent Sartène, Porto-Vecchio et la Montagne de Cagna.
2. Dites qui est Jeanne Crozet et pourquoi elle est allée en Corse.
3. Parlez du temps qu'il a fait pendant son séjour là-bas. Qu'est-ce qu'on dit à propos du ven
4. Décrivez le travail de Jacques Rossi et de Martin Laurent.

## 2. Dans le train (§ 30)

Deux dames entrent dans un compartiment «non fumeurs» où est assis un monsieur qui fume une cigarette. Les dames lui demandent d'éteindre sa cigarette. Elles lui disent que, s'il ne le fait pas, elles iront se plaindre au contrôleur. Le monsieur répond qu'il n'a pas peur du contrôleur, qu'elles peuvent se plaindre si elles veulent et qu'il ne va pas éteindre sa cigarette. Les deux dames lui disent qu'il est arrivé à un âge où il devrait savoir ce qu'il fait. Elles vont trouver le contrôleur, qui leur dit de ne rien craindre et qui revient avec elles. Quand il voit que le monsieur fume toujours, il lui dit d'arrêter tout de suite, ou il devra descendre à la prochaine station qu'ils vont atteindre dans quelques minutes.

*Vous pouvez faire les exercices suivants en groupes.*

a) *Faites le dialogue entre ces personnes. Employez, chaque fois que cela est possible, les verbes* éteindre, atteindre, craindre, se plaindre, *mais jamais à l'infinitif.*

b) *Refaites le même dialogue entre une jeune fille qui entre dans un compartiment «non fumeurs» et un garçon qui fume une cigarette. Les deux jeunes se diront «tu».*

*Où est-ce qu'on peut voir ces panneaux?*

# La guerre du feu (suite)

Le lendemain, je vais à Ajaccio, où se trouve le centre de lutte contre le feu pour la Corse. Quand j'arrive, il y a une grande activité dans la salle.

Des hommes téléphonent, d'autres parlent dans des micros. Au mur, une grande carte de la Corse. Un appareil de télévision montre la météo pour la région, avec les températures, et la force et la direction du vent.

Au milieu de la salle, le commandant Battesti donne sans arrêt des ordres. Il est si occupé que je n'ose pas m'adresser à lui. Un de ses hommes me dit:

- Avant-hier, on nous avait signalé un feu dans la Montagne de Cagna. Ce matin, il a repris, et nous avons un grand incendie. C'est que le vent s'est levé, et maintenant, il pousse les flammes en direction du village de Vignalella.

A ce moment, le commandant Battesti s'approche de nous:

- Excusez-moi, madame. Je n'ai pas beaucoup de temps pour vous. Il faut absolument que j'en finisse avec cet incendie et que je mette les avions en route. Je ne voudrais pas que le feu descende de la montagne et atteigne le village. Ce serait la catastrophe!
- Vous allez envoyer des avions? Ça m'intéresse, ça. J'aimerais que vous me donniez la permission de monter dans un de ces avions. C'est possible?
- Non, madame. C'est trop dangereux. Ecoutez, je vais à Vignalella, maintenant, en voiture. Je propose que nous partions ensemble.

Et voici ce que le commandant Battesti m'a raconté en route. Si, dans cette guerre constante contre le feu, nous arrivons le plus souvent à éviter la catastrophe, c'est que nos pompiers ne sont pas seuls. Différents types d'avions les aident. Pour les incendies importants, on envoie de grands avions qui, à chaque vol, jettent sur la forêt 12,5 tonnes d'eau. C'est une eau mélangée avec un produit qui empêche que les arbres brûlent facilement. Il y a aussi les avions «Canadair» qui vont chercher leur eau directement dans la mer. Le pilote touche la mer à 110 km à l'heure, et 10 secondes après, il repart avec 5,5 tonnes d'eau.

C'est un métier dur et dangereux, et plusieurs de ces hommes ont déjà perdu la vie.

# 8

**B** 
## 1. Reparlons du texte.

1. Pourquoi est-ce que Jeanne Crozet va à Ajaccio?
2. Dites à quoi servent les appareils, dans la salle?
3. Pourquoi est-ce que le commandant Battesti n'a pas beaucoup de temps pour Jeanne Crozet?
4. Qu'est-ce que le reporter aimerait faire?
5. Pourquoi est-ce que le commandant n'est pas d'accord? Qu'est-ce qu'il propose?
6. Comparez les grands avions et les Canadairs. Quel est, à votre avis, l'avantage des Canadairs? Quel est leur désavantage?

## 2. Dialogue (§§ 31, 34)

La mère de Nicolas *(voir Leçon 5, page 40)* n'est pas contente.

a) *Faites le dialogue.*

> – Pourquoi est-ce que tu sors tous les soirs?
> – Les autres aussi **sortent** tous les soirs.
> – Peut-être, / D'accord, / C'est bien possible, mais moi, je ne veux pas que tu **sortes** tous les soirs.

Pourquoi est-ce que tu ...
1. finis toutes tes soirées au café?
2. perds beaucoup d'argent au fli
3. oublies de faire tes devoirs?
4. mens à tes professeurs?
5. lis Astérix pendant les cours?
6. te plains sans arrêt de l'école?

b) La mère de Nicolas ne veut pas que son fils **sorte** ..., qu'il ....

c) Maintenant, elle parle à Nicolas et sa sœur Chantal: «Pourquoi est-ce que vous ... ?»
*Faites le dialogue d'après l'exemple donné.*

## 3. Surveiller la forêt (§§ 31, 34)

*Choisissez, dans la liste, les expressions qui conviennent (avec la négation lorsqu'il le faut), puis mettez les verbes à la forme correcte du subjonctif.*
Le commandant Battesti parle à Jacques Rossi:

| | *ne* | | *pas* | |
|---|---|---|---|---|
| Je | | veux | | |
| Je | | voudrais | | |
| J' | | aimerais | | |
| Je | | propose | | **que** |
| Il | | faut | | **qu'** |
| Il | | faut | | |
| | | empêcher | | |

| | |
|---|---|
| tu ... pour la Montagne de Cagna. | 1. *partir* |
| tu ... un camarade pour t'accompagner. | 2. *choisir* |
| ça ... à brûler à Vignalella. | 3. *recomme* |
| le feu ... jusqu'à la route | 4. *descendr* |
| et ... le village. | 5. *atteindr* |
| nous ... la catastrophe. | 6. *éviter* |
| vos informations ... ici trop tard. | 7. *arriver* |
| vous nous ... par radio quelle est la situation. | 8. *dire* |
| vous ... les jumelles. | 9. *oublier* |
| vous ... l'œil, hein! | 10. *ouvrir* |
| je ... les avions en route, si ça fume encore. | 11. *mettre* |
| on ... le feu aujourd'hui, absolument. | 12. *éteindre* |
| nous ... cette bataille. | 13. *perdre* |

# La guerre du feu (suite et fin)

De loin, déjà, nous avions vu la fumée noire sur la Montagne de Cagna, senti le bois qui brûle. A Vignalella, nous avons pris un chemin qui monte vers l'incendie. Mais quel monde et combien de voitures! Le commandant n'est pas content que tous ces spectateurs soient venus.

– Je regrette que la police n'ait pas fermé le chemin, dit-il.

Pendant un moment, j'ai craint que nous ne puissions pas passer, mais enfin nous voilà arrivés.

Et maintenant, j'entends l'incendie ... et je le vois. Une masse de feu énorme roule à travers la forêt. Des pins de 10 mètres crient, explosent, et font des flammes gigantesques. Des morceaux retombent loin dans la forêt sur d'autres pins qui prennent feu aussitôt. Avec le vent, l'incendie avance à 10 km à l'heure. Je me sens très petite devant cette force de la nature.

Mais les pompiers sont là. Ils sont fatigués, et ont le visage couvert de sueur et de cendre. Cependant, ils continuent à lutter et lancent constamment de l'eau dans les arbres. Tout à coup, j'entends un bruit, et voilà qu'à 30 mètres au-dessus de nos têtes, un Canadair traverse la fumée. Puis, une masse blanche descend sur le feu comme une bombe. Peu après, un deuxième avion décharge son eau.

Devant nous, une partie de la forêt ne brûle plus.

Voilà Jacques Rossi et Martin Laurent. Ils m'ont reconnue et me saluent gentiment. Jacques Rossi me dit:

– On le tient maintenant, madame. Ce sera fini avant ce soir.

– Dites, messieurs, quelle est la cause de cet incendie?

Martin Laurent me répond:

– On ne sait pas. Quelquefois, ce sont des fous qui mettent le feu. Il y a des malades qui aiment énormément voir des flammes. Il y a aussi les criminels qui brûlent la forêt parce qu'elle appartient à un ennemi. Ils attendent qu'il y ait du vent pour que ça prenne mieux. Evidemment, on ne les attrape presque jamais.... Il est même possible que nous ayons vu notre homme, que nous soyons passés à côté de lui: en général, ces gens-là reviennent vers le feu avec les spectateurs.

– Quand le maquis brûle, continue Jacques Rossi, il n'est pas impossible que ce soient des bergers. Il y en a qui mettent le feu pour avoir plus de pâturages.

Le commandant Battesti nous a entendus et s'est joint à notre groupe.

– Les gens que je crains le plus, ce sont ceux qui jettent imprudemment leurs cigarettes ou qui viennent faire leurs côtelettes dans la forêt, bien que nous ayons mis partout des panneaux qui interdisent les feux.

Ainsi, 50000 hectares de forêts disparaissent en France, chaque été, – arbres et animaux. Et chaque été, nous perdons des hommes dans cette guerre. Il faut que vous appreniez cela à vos lecteurs.

Il se tait. Et moi, je regarde tous ces arbres morts, et je ne trouve plus rien à dire.

## C 1. Reparlons du texte.

1. Faites le plan du texte et trouvez un titre pour chaque partie.
2. Faites une liste de ce que Jeanne Crozet voit de l'incendie, de ce qu'elle sent et de ce qu'elle entend.
3. Quels sont, d'après le texte, les gens qui mettent le feu à la forêt? Pourquoi est-ce qu'ils font cela?
4. Résumez le texte.

## 2. Respectez la nature! (§ § 31, 32, 34)

Corinne Moreau *(voir Leçon 4)* et sa copine Yvonne sont en Corse.
Dans le bureau du camping d'Ajaccio, Corinne voit une affiche, avec les règles suivantes:

a) *Lisez-les.*

*RÈGLES POUR LES PROMENADES DANS LA NATURE*

**Il ne faut pas ...**
1. laisser ses déchets.
2. quitter les chemins.
3. courir après les animaux.
4. couper les petits arbres.
5. être imprudent et
6. jeter ses cigarettes.
7. mettre le feu à la forêt.

**Il faut ...**
1. éteindre sa radio.
2. fermer les barrières des pâturages.
3. avoir un sac pour ses déchets.
4. connaître ces règles et les suivre.
5. comprendre que la nature n'a pas la vie facile.
6. pouvoir dire qu'on l'a laissée comme on l'avait trouvée.
7. dire aux autres de faire comme vous.

b) Corinne répète ces règles à Yvonne. Elle lui dit: «Ecoute, si tu fais une promenade dans la nature, il (ne) faut (pas) que tu ....»

c) Un groupe de jeunes va partir en promenade. Leur guide, un Corse, leur dit: «Ecoutez-moi bien. Il (ne) faut (pas) que nous ... / que vous ....»

### 3. Connaître la Corse (§ § 31, 32, 34)

Le patron d'un camping
a écrit un petit guide de l'île.
En voici un extrait.

a) *Lisez le texte.*

> Vous ne *connaissez* pas la Corse?
> Pour *pouvoir* vraiment profiter de votre voyage, vous devez *avoir* deux bonnes semaines devant vous.
> Si vous aimez l'histoire, *visitez* la région de Sartène avec ses menhirs et ses dolmens.
> Le lendemain, *suivez* la route de Bonifacio.
> Vous devez *voir* cette ville et son grand château, situés à 70 m au-dessus de la mer.
> *Prenez* le temps de visiter le Nord et le Centre.
> La Corse *est* une petite île, mais les montagnes de ces régions atteignent 2700 m! Pour *avoir* une première impression de ces montagnes, *traversez* la Corse en train. *Descendez* à Corte, une vieille ville très pittoresque qui a été, pendant quelque temps, la capitale du pays.
> Vous n'*aurez* pas le temps de tout voir pendant votre premier séjour. *Dites* à vos amis combien c'est beau ici.
> Et *revenez* l'année prochaine. Mais attention: peut-être que vous ne *repartirez* plus!

*Il est temps que*
*Pour que*
*il serait bon que*
*je voudrais que*

*je propose que*
*Il faut que*

*Je trouve important que*
*Bien que*
*Pour que*
*il faudrait que*
*Il serait intéressant que*

*Je crains que*
*J'attends que*
*j'aimerais que*
*il est possible que*

b) Le patron du camping parle à un monsieur. Il emploie les expressions de la liste.
«Il est temps que vous ....»

c) Ensuite, il parle à Corinne, à qui il dit «tu».

d) *Classez les expressions de la liste d'après les groupes indiqués dans votre grammaire (§ 34).*

*le maquis*

*Bonifacio*

## 4. Une lettre de Corse (§ § 31, 32, 33, 34) *Subjonctif ou indicatif? Réfléchissez bien.*

Corinne Moreau a écrit une lettre à Ralf, son copain allemand.

Calvi, 28 août

Cher Ralf,

Tu es déçu que je t'(écrire) si peu. Alors, il faut que je te (répondre) vite, cette fois-ci. Je suis en Corse, à Calvi, avec Yvonne. Comme on (être) en plein été, il y a beaucoup de monde sur la plage.

Hier, nous sommes allés dans la montagne. J'ai été surprise qu'on ne (pouvoir) pas passer à travers le maquis; je ne savais pas qu'il (être) aussi épais. Nous avons dû rentrer, bien que nous n'(avoir) pas atteint le village pittoresque que nous (avoir) envie de voir.

La chaleur empêche que nous (sortir) beaucoup. C'est pourquoi Yvonne veut toujours que nous (partir) tôt le matin. Mais moi, j'aimerais mieux qu'on (partir) plus tard et qu'ainsi, je (pouvoir) dormir plus longtemps.

C'est malheureux que nos vacances (être) presque finies et que le travail nous (attendre) dans quatre jours. J'aurais préféré que ce séjour ne (finir) jamais. Mais il est très possible que nous (revenir) l'année prochaine.

Je regrette que nous ne nous (être) pas vus depuis si longtemps. J'aimerais que tu (venir) ici aux prochaines vacances. Je pense que tu (être) libre en juillet, non? Il est temps que je (mettre) la lettre à la boîte. Et puis, il y a mon voisin qui propose que je (descendre) avec lui à la plage. J'espère que tu m'(écrire) aussi vite que je l'ai fait.

Amicalement. Corinne

P.S. Yvonne m'a dit qu'elle (aimer) bien que tu (venir) avec Karsten l'année prochaine, si c'(être) possible.

## 5. Un peu d'histoire (§ 35) *Adjectif ou adverbe? Complétez.*

| | |
|---|---|
| La Corse a derrière elle une … histoire … de guerres. | *long, plein* |
| Les Corses aiment … leur pays, et ils ont … lutté pour | *énorme, constant* |
| être … . La Corse a longtemps appartenu à la ville de | *libre* |
| Gênes, qui l'a prise en 1299, mais qui ne l'a jamais … | *complet* |
| contrôlée. En 1768, Gênes a vendu l'île à la France. | |
| Les Corses ne voulaient … pas être français non plus, et ils | *évident* |
| se sont levés en masse contre ce … ennemi. Mais, en 1769, | *nouveau* |
| après une … bataille, ils ont … perdu leur liberté. | *grand, entier* |
| Au siècle …, les Corses n'ont pas posé de problèmes … | *dernier, grave* |
| à la France. Ils étaient même très … que Napoléon ait | *content* |
| été un Corse. Aujourd'hui, cependant, il y a des habi- | |
| tants de l'île qui pensent … et qui se souviennent de | *différent* |
| leur lutte … pour une Corse … . Il y en a qui disent | *constant, libre* |
| … bonjour aux agents de police français de leur quartier, | *gentil* |
| mais qui, la nuit, écrivent «Corsica nazione» sur les murs des maisons. | |
| …, il y en a aussi qui lancent des bombes. | *malheureux* |

## 6. Formation de mots

On dit: une personne connue | un caractère actif | un touriste prudent
une personne **in**connue [ɛ̃-] | un caractère **in**actif [in-] | un touriste **im**prudent [ɛ̃-]

*Trouvez le contraire.*

1. une liste complète
2. un bonheur inconstant
3. une cause directe
4. des chances égales
5. des renseignements exacts
6. une solution possible
7. un cadeau personnel
8. des meubles inconfortables
9. un résultat attendu

*Faites des phrases avec les adjectifs que vous avez trouvés.*
*Dans quelles situations est-ce qu'on pourrait employer ces phrases?*

## 7. Quand on arrive en Corse.

Un touriste français qui revient de Corse parle à un ami allemand.

a) *Transformez les phrases. Employez la conjonction qui convient. Exemple:*

Vous voulez aller en Corse? *Alors,* prenez le bateau.
→ **Si** vous voulez aller en Corse, prenez le bateau.

*si*

1. Vous voulez avoir de l'île une première impression absolument fantastique? *Alors,* regardez bien lorsque le bateau arrivera près de la côte.
2. *Pour pouvoir* profiter de la vue qui s'offrira alors à vous, il ne faudra pas rester dans le restaurant du bateau.
3. Vous ne voyez pas encore la côte; *cependant,* vous sentez déjà les parfums du maquis.
4. Vous n'avez vu que de l'eau pendant plusieurs heures, *puis,* tout à coup, des montagnes sortent de la mer.
5. *Au moment de votre descente* du bateau, dans le port de Bastia, vous serez surpris. Les gens parlent corse entre eux.
6. L'île a appartenu à Gênes pendant presque 500 ans. *C'est pourquoi* beaucoup de villes et de villages portent des noms italiens.
7. Beaucoup de Corses n'aiment pas qu'on les tienne pour des Français. *En effet,* ils se considèrent avant tout comme des Corses.
8. Vous aurez *peut-être* des difficultés à les comprendre quand ils parlent; essayez *quand même* de discuter avec eux.
9. Il y a *vraiment très* peu de travail dans l'île. *Ainsi,* beaucoup de Corses doivent partir en France.

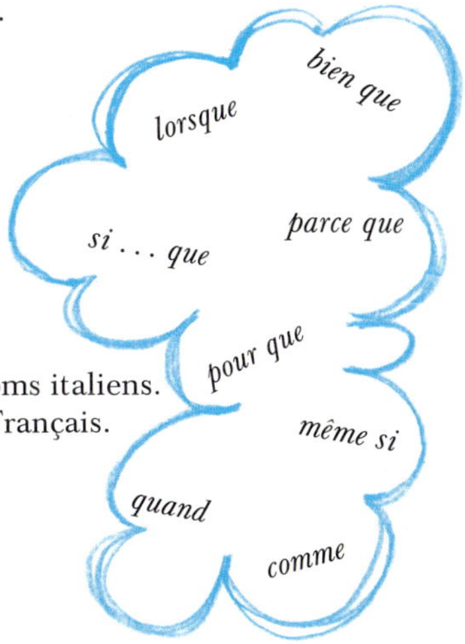


b) *Quelles sont les conjonctions qui expriment une idée de temps / de cause / de but / de conséquence / de concession / de condition?*

## 8. A vous. Discutez.

Toi et ton copain / ta copine, vous faites une promenade dans une forêt, en Corse. Ton copain / ta copine veut faire un feu de bois pour faire cuire le repas. Tu n'es pas d'accord. *Faites le dialogue. Vous trouverez dans le «Vocabulaire» page 128, des éléments qui vous aideront à exprimer votre avis.*

# ⟨Chansons et poèmes⟩

## Madeleine

Ce soir j'attends Madeleine
J'ai apporté du lilas
J'en apporte toutes les semaines
Madeleine elle aime bien ça
Ce soir j'attends Madeleine
On prendra le tram trente-trois
Pour manger des frites chez Eugène
Madeleine elle aime tant ça
Madeleine c'est mon Noël
C'est mon Amérique à moi
Même qu'elle est trop bien pour moi
Comme dit son cousin Joël
Ce soir j'attends Madeleine
On ira au cinéma
Je lui dirai des «je t'aime»
Madeleine elle aime tant ça

Elle est tellement jolie
Elle est tellement tout ça
Elle est toute ma vie
Madeleine que j'attends là, là

Ce soir j'attends Madeleine
Mais il pleut sur mes lilas
Il pleut comme toutes les semaines
Et Madeleine n'arrive pas
Ce soir j'attends Madeleine
C'est trop tard pour le tram trente-trois
Trop tard pour les frites d'Eugène
Madeleine n'arrive pas
Madeleine c'est mon horizon
C'est mon Amérique à moi
Même qu'elle est trop bien pour moi
Comme dit son cousin Gaston
Ce soir j'attends Madeleine
Il me reste le cinéma
Je pourrai lui dire des «je t'aime»
Madeleine elle aime tant ça

Elle est tellement jolie
Elle est tellement tout ça
Elle est toute ma vie
Madeleine qui n'arrive pas, pas

Ce soir j'attendais Madeleine
Mais j'ai jeté mes lilas
Je les ai jetés comme toutes les semaines
Madeleine ne viendra pas
Ce soir j'attendais Madeleine
Tiens le dernier tram s'en va
On doit fermer chez Eugène
Madeleine ne viendra pas
Madeleine c'est mon espoir
C'est mon Amérique à moi
Mais sûr qu'elle est trop bien pour moi
Comme dit son cousin Gaspard
Ce soir j'attendais Madeleine
C'est fichu pour le cinéma
Je reste avec mes «je t'aime»
Madeleine ne viendra pas

Elle est pourtant tellement jolie
Elle est pourtant tellement tout ça
Elle est pourtant toute ma vie
Madeleine qui ne viendra pas

Mais demain j'attendrai Madeleine
Je rapporterai du lilas
J'en apporterai toute la semaine
Madeleine elle aimera ça
Demain j'attendrai Madeleine
On prendra le tram trente-trois
Pour manger des frites chez Eugène
Madeleine elle aimera ça
Madeleine c'est mon Noël
C'est mon Amérique à moi
Tant pis si elle est trop bien pour moi
Comme dit son cousin Joël
Demain j'attendrai Madeleine
On ira au cinéma
Je lui dirai des «je t'aime»
Et Madeleine elle aimera ça


(Jacques Brel)

## Il pleure dans mon cœur

Il pleut doucement sur la ville
(Arthur Rimbaud)

Il pleure dans mon cœur
Comme il pleut sur la ville.
Quelle est cette langueur
Qui pénètre mon cœur?

O bruit doux de la pluie
Par terre et sur les toits!
Pour un cœur qui s'ennuie
O le chant de la pluie!

Il pleure sans raison
Dans ce cœur qui s'écœure.
Quoi! nulle trahison?
Ce deuil est sans raison.

C'est bien la pire peine
De ne savoir pourquoi,
Sans amour et sans haine,
Mon cœur a tant de peine.

(Paul Verlaine)

## Le pont de Nantes

Sur le pont de Nantes
Un bal y est donné

La belle Hélène
Voudrait bien y aller:

«Ma chère mère,
M'y laisserez-vous aller?»

«Non, non, ma fille,
Vous n'irez point danser.»

Monte à sa chambre
Et se met à pleurer.

Son frère arrive
Dans un bateau doré:

«Qu'as-tu, ma sœur,
Qu'as-tu donc à pleurer?

– Hélas! mon frère,
Je n'irai point danser!

– Oh! si, ma sœur;
Moi, je t'y conduirai.

Prends ta robe blanche
Et ta ceinture dorée.»

Elle fit trois tours,
Le pont s'est défoncé.

La belle Hélène
Dans la Loire est tombée:

«Hélas! mon frère,
Me laisseras-tu noyer?

– Non, non, ma sœur,
Je vais te retirer!»

Dans l'eau se jette,
Et les voilà noyés!

Toutes les cloches
Se mirent à sonner

La mère demande
«Qu'a-t-on à tant sonner?

– C'est pour Hélène
Et votre fils aîné.»

Voilà le sort
Des enfants obstinés!


(Guy Béart)

## L'arbre

Perdu au milieu de la ville,
L'arbre tout seul, à quoi sert-il?
Les parkings, c'est pour stationner,
Les camions pour embouteiller,
Les motos pour pétarader,
Les vélos pour se faufiler.
L'arbre tout seul, à quoi sert-il?
Les télés, c'est pour regarder,
Les transistors pour écouter,
Les murs pour la publicité,
Les magasins pour acheter.
L'arbre tout seul, à quoi sert-il?
Les maisons, c'est pour habiter,
Les bétons pour embétonner,
Les néons pour illuminer,
Les feux rouges pour traverser.
L'arbre tout seul, à quoi sert-il?
Les ascenseurs, c'est pour grimper,
Les présidents pour présider,
Les montres pour se dépêcher,
Les mercredis pour s'amuser.
L'arbre tout seul, à quoi sert-il?
Il suffit de le demander
A l'oiseau qui chante à la cime.

Jacques Charpentreau, La ville enchantée
*(L'Ecole des Loisirs, éd.)*

# Annexe Leçon 2

## Jeanne d'Arc

### 1. La guerre de Cent Ans

Entre 1337 et 1453, c'est une longue guerre entre les Anglais et les Français. Au début du 15e siècle, les Anglais occupent tout le nord de la France. En 1422, après la mort de Charles VI, les Français veulent couronner le jeune Charles VII à Reims, comme tous les autres rois de France: sans cette cérémonie, il n'est pas vraiment le roi. Mais cela n'est pas possible, parce que les Bourguignons, alliés des Anglais, occupent la ville.

### 2. Domrémy, 1429.

Dans le petit village de Domrémy, en Lorraine, une jeune paysanne de dix-sept ans, Jeanne d'Arc, entend des voyageurs raconter que les Anglais occupent une grande partie de la France. Depuis, elle pense sans arrêt à ce malheureux pays. Un jour, elle entend dans le ciel des voix qui lui disent: «Jeanne, il faut chasser les Anglais de France, tu dois aller voir le roi et libérer le pays.»

### 3. Chinon, février 1429.

Charles VII se trouve au château de Chinon, en Touraine. Jeanne obéit aux voix et, après un voyage long et difficile, elle arrive à Chinon. D'abord, le roi ne veut pas lui parler: il pense qu'elle est folle. Enfin, au bout de trois jours, elle peut entrer au château. Le roi et les nobles veulent se moquer d'elle: un noble a mis les vêtements du roi. Mais Jeanne d'Arc va directement vers Charles VII et lui dit: «Au nom de Dieu, vous êtes le roi. Donnez-moi une armée et je vais libérer la France.» Le roi ne comprend pas comment Jeanne a pu le reconnaître. Il pense que c'est Dieu qui lui a envoyé cette jeune paysanne, et il lui donne une armée.

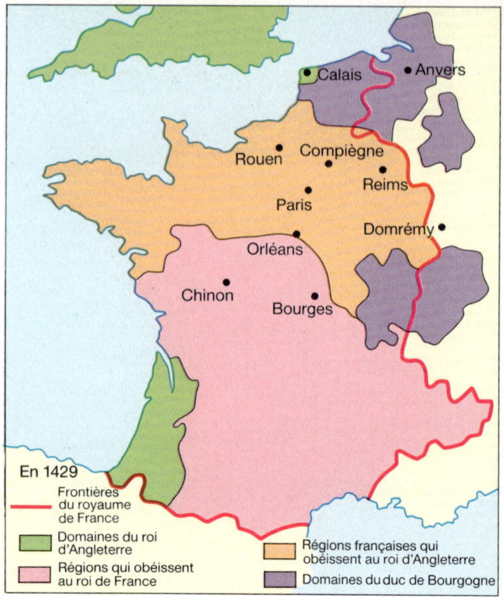


### 4. Orléans, mai 1429.

Depuis plus de six mois, les Anglais font le siège d'Orléans. En mai 1429, Jeanne d'Arc arrive avec son armée. La bataille est très dure. Mais l'exemple de la jeune fille donne du courage aux soldats français, et, au bout de trois jours, ils arrivent à libérer la ville.

### 5. Reims, juillet 1429.

En juillet 1429, Jeanne entre dans Reims avec son armée. On peut enfin couronner Charles VII dans la grande cathédrale. Maintenant, il est vraiment le roi de France. Mais, à la cour, il y a des gens qui n'aiment pas Jeanne d'Arc: les militaires sont jaloux de ses succès et quelques nobles, amis des Bourguignons, disent qu'elle est une sorcière.

### 6. Rouen, mai 1431.

En 1430, Jeanne d'Arc marche sur Paris. Mais, à Compiègne, elle tombe aux mains des Bourguignons, qui la vendent aux Anglais. A Rouen, on lui fait un procès et on la condamne comme sorcière. Le roi de France ne fait rien pour Jeanne qui, le 30 mai 1431, monte sur le bûcher. Au milieu des flammes, elle répète: «Tout ce que j'ai fait, je l'ai fait sur ordre de Dieu.»

**7. Sainte Jeanne d'Arc**

En 1920, la jeune Lorraine devient sainte Jeanne d'Arc. Elle est aujourd'hui un symbole de la nation française; sa statue se trouve dans beaucoup de villes de France. Orléans ne l'a pas oubliée: chaque année, en mai, la ville donne une grande fête et on peut voir Jeanne d'Arc qui passe dans les rues, sur son cheval.

*La Fête de Jeanne d'Arc à Orléans*

a) *Regardez la carte, page 76, puis décrivez la situation de la France en 1429.*

b) *Relisez le texte, puis répondez aux questions.*
1. Combien d'années a duré la guerre de Cent Ans?
2. Quelle est la situation de Charles VII en 1422?
3. Qu'est-ce qui amène Jeanne d'Arc à se rendre à Chinon?
4. Qu'est-ce que Charles VII pense de Jeanne d'abord?
5. Qu'est-ce qu'il se dit ensuite? Pourquoi?
6. Qu'est-ce qui aide les soldats français à libérer Orléans?
7. Pourquoi est-ce que les militaires n'aiment pas Jeanne d'Arc?
8. Qu'est-ce qui donne du courage à Jeanne d'Arc quand elle monte sur le bûcher?
9. Quel est le rôle de Jeanne d'Arc aujourd'hui?

c) *Résumez le texte.*

## Compréhension orale – Au château de Clarac: suivez le guide!

a) *Ecoutez le texte, puis répondez aux questions.*
1. A qui est-ce que le guide s'adresse?
2. Qu'est-ce que le groupe visite dans la première, la deuxième, puis la troisième partie du texte?

b) *Ecoutez chaque partie du texte une deuxième fois. Après chaque partie, dites à quelles personnes le guide s'adresse directement. Exemple:*
Dans la première partie, le guide s'adresse directement à une dame qui veut s'asseoir sur une des vieilles chaises. Il s'adresse aussi ....

c) *Lisez ces phrases, puis écoutez le texte une troisième fois.*
*Dites ensuite si c'est juste ou faux. Quand c'est faux, corrigez la phrase.*
1. On a fini la construction du château en 1420.
2. Les dames s'asseyaient près des portes pour attendre leurs maris.
3. Après la Révolution de 1789, le baron de Clarac habitait dans les ruines du château.
4. Les meubles de la salle à manger ont entièrement disparu.
5. Le grand lit est un cadeau de la baronne de Clarac à Louis XIV.
6. Dans la cour du château, il y a des toilettes.
7. L'entrée est un peu chère, parce que le château est en très bon état.

## Une tempête

Le druide Panoramix veut fabriquer de la potion magique. Pour cela, il lui faut du poisson frais. Mais les marchands qui livrent le poisson au petit village gaulois sont en grève. Alors, Astérix et Obélix vont à la pêche.

## Compréhension orale – Interviews de pêcheurs bretons

a) *Ecoutez chaque interview, puis répondez à la question.*
   1. Pourquoi est-ce que le premier pêcheur fait ce métier?
   2. Est-ce que le deuxième pêcheur est patron de bateau, ou est-ce qu'il travaille pour quelqu'un d'autre?

b) *Voilà quatre réponses du premier pêcheur. Lisez-les, puis écoutez la première interview une deuxième fois. Trouvez les questions qui vont avec les réponses.*
   1. En juin et juillet, on part vers deux heures du matin.
   2. Oh oui! ... Lorsqu'on n'aime pas ça, on ne le fait pas.
   3. D'abord, il faut du courage.
   4. Du mauvais temps.

c) *Lisez ces questions, puis écoutez encore une fois la deuxième interview. Ensuite, répondez aux questions.*
   1. De quoi est-ce que le deuxième pêcheur a peur dans son métier? Pourquoi?
   2. Pourquoi est-ce que, dans la région qu'il habite, presque tous les hommes sont pêcheurs?
   3. Pourquoi est-ce que le deuxième pêcheur ne peut plus payer six hommes?
   4. Comment est-ce qu'il est devenu pêcheur?

## Révision de grammaire 1

### 1. L'emploi des prépositions avec les noms géographiques

*Faites des dialogues. Exemple:*

– Tu viens d'Amérique?
– Oui, je viens de New York.
– Et tu vas en Europe?
– Oui, je vais à Bruxelles.

1. Normandie (Le Havre) → Bretagne (St-Malo)
2. Allemagne (Cologne) → Danemark (Copenhague)
3. Provence (Lubéron) → Alpes (Merlette)
4. Italie (Alpes) → Espagne (Pyrénées)
5. Luxembourg (Luxembourg) → Suisse (Berne)
6. Autriche (Vienne) → Pays-Bas (Rotterdam)
7. Portugal (Porto) → France (Paris)
8. Etats-Unis (La Nouvelle-Orléans) → Canada (Montréal)

### 2. Les pronoms interrogatifs

Annette *(A)* téléphone à Sandrine *(S)*. Mais Sandrine n'entend pas très bien.
*Complétez le dialogue. Employez* Qui est-ce qui / Qui est-ce que / Qu'est-ce qui / Qu'est-ce que.
*Lisez les réponses avant de poser les questions.*

*A:* Mon cousin Pierre arrive demain.
*S:* ...
*A:* Pierre! Et il veut te revoir.
*S:* ...
*A:* Te revoir. Tu n'entends pas?
*S:* Je t'entends très mal. Il y a des bruits sur la ligne.
*A:* Tu sais, tu plais beaucoup à Pierre.
*S:* ...
*A:* Toi! Il te trouve très sympa. Demain soir, il veut aller au cinéma avec nous. Le cinéma, ça l'intéresse beaucoup.
*S:* ...
*A:* Le cinéma! Il veut aller voir Alain Delon dans «Le voleur».
*S:* ...
*A:* Alain Delon! Tu connais?
*S:* Tu te moques de moi? Ah, enfin, je t'entends très bien.
*A:* ... tu dis?
*S:* Je t'entends très bien. Mais maintenant, c'est toi qui ne m'entends pas, hein?

### 3. Les relatifs

Un journaliste interviewe un touriste en Bretagne.
*Complétez par* qui / que / où / ce qui / ce que.

*J:* Pouvez-vous me dire … vous plaît en Bretagne?

*T:* … me plaît? Eh bien, la mer, les villages, les pêcheurs. La Bretagne est une région … me plaît vraiment beaucoup.

*J:* Vous la connaissez bien, la Bretagne?

*T:* Je vois … vous voulez dire. Vous pensez que je suis comme ces touristes … ne s'intéressent pas vraiment à la région … ils visitent.

*J:* Non, non, je voulais simplement savoir … pense un touriste, … il préfère, … est intéressant pour lui.

*T:* Ah bon! Vous savez, la Bretagne est la région française … j'aime le mieux. C'est la région … je passe presque toutes mes vacances. Comme touriste, je ne cherche pas seulement … est pittoresque; … je trouve surtout intéressant, c'est tout … me montre comment les gens vivent. Et je dois dire qu'en France, c'est les Bretons … m'intéressent le plus.

### 4. Affirmation et négation

Est-ce vrai? *Lisez le texte, puis transformez les phrases affirmatives en phrases négatives et vice versa.*

1. *Marie-Laure raconte:*
   Jean-Marc était content. Il ne voulait absolument pas aller au Havre.
   Mais Annick avait très envie de visiter encore un grand port. Moi aussi, je voulais aller au Havre.
   Chez le paysan, nous n'avons pas bu de cidre. Moi, j'ai bu du calvados.
   Marc va encore souvent en boire.
2. *Château-Gaillard:*
   Bogis et ses camarades ne sont pas arrivés à entrer dans le château.
   Quelqu'un les avait entendus et quelque chose les avait empêchés de monter jusqu'à la fenêtre des latrines. Ils avaient vu quelqu'un et ils avaient entendu quelque chose. La fenêtre des latrines était toujours gardée.
3. *Walter raconte:*
   Moi, je ne connaissais pas encore Paris, mais mes copains, eux, avaient déjà vu la ville.
   Le soir, après la visite de Paris, je n'étais pas du tout fatigué.
   Je voulais encore voir beaucoup de choses et je voulais encore rencontrer beaucoup de gens. Cette nuit-là, je n'ai pas bien dormi.

### 5. L'emploi de l'article

Après être rentré en Suisse, Walter Haffner montre à sa sœur comment on fait les crêpes. *Traduisez en français.*

– Zuerst nehme ich Mehl.
– Wieviel Mehl nimmst du?
– 250 Gramm. Und jetzt einen halben Liter Milch.
– Braucht man keinen Zucker?
– Doch. Vanillezucker. Und ein wenig Salz. Gib mir die Eier!
– Wieviel tust du hinein?
– Vier. Gut, jetzt muß man das alles verrühren.

Ein wenig später:
- Willst du deine Crêpe mit Zucker oder ohne Zucker?
- Mit Zucker bitte. Was trinkt man zu den Crêpes? Ich habe Durst.
- In der Bretagne trinkt man oft Cidre zu den Crêpes. Aber ich mag lieber Mineralwasser.
- Gib mir ein Glas Cidre. Ich mag kein Mineralwasser.
- Übrigens Cidre und Crêpes sind bretonische Spezialitäten *(spécialité, f)*, aber man findet in ganz Frankreich Restaurants, in denen *(wo)* man Crêpes essen und Cidre trinken kann. Diese Restaurants heißen «Crêperies».

*Pour les gens qui veulent manger des crêpes, il y a les crêperies.*

*Pour les gens qui veulent manger rapidement, il y a les «snacks».*

*Pour les gens qui veulent bien manger, il y a les «bons petits restaurants».*

# Annexe Leçon 4

*César pointe.*

*Marius tire.*

*On compte les points.*

## La pétanque

Les trois sports
les plus pratiqués
en France sont le football,
le tennis et la pétanque.
Vous ne savez pas
ce qu'est la pétanque?
Eh bien, c'est un jeu de boules.
En voici les règles.
On forme deux équipes. Dans chaque équipe, il peut y avoir un, deux, trois ou quatre joueurs. Prenons un exemple:
César joue contre Marius. Chaque joueur a quatre boules. La partie commence. César lance le cochonnet, une petite boule en bois. Puis, il lance une première boule et essaie de la placer le plus près possible du cochonnet. On appelle cela «pointer».
Maintenant, c'est à Marius de jouer.
Ou bien, il pointe, lui aussi, et essaie de placer sa boule mieux que César, ou bien il «tire», c'est-à-dire qu'il lance sa boule avec force pour frapper la boule de son adversaire et l'éloigner du cochonnet.
S'il arrive à être plus près du cochonnet que César, on dit qu'il a «repris». C'est alors à César de jouer. Sinon, il continue.
Quand les deux joueurs n'ont plus de boules, ils comptent les points. Si, par exemple, deux des boules de César sont plus près du cochonnet que les boules de Marius, il a deux points.
Puis, le gagnant lance le cochonnet et on recommence. Le premier qui arrive à avoir quinze points a gagné la partie.
Mais la pétanque n'est pas seulement un sport, elle fait partie des coutumes françaises.
Tout le monde y joue: les hommes et les femmes, les jeunes et les vieux, les riches et les pauvres. On y joue dans le Midi, bien sûr, – c'est là qu'elle est née –, mais aussi dans toutes les autres régions. «Je tire ou je pointe?» Cette question, on l'entend partout en France, pendant les longues soirées d'été, sous les arbres des petites places des villes et des villages. Souvent, on ne compte que quatre ou six joueurs, et il y a vingt ou trente personnes qui les regardent ... et qui font les commentaires!

a) *Lisez le texte.*
   1. Relevez les mots du texte qui appartiennent au vocabulaire de la pétanque. Qu'est-ce que ces mots veulent dire?
   2. Dites pourquoi la pétanque n'est pas seulement un sport.

b) *Relisez le texte, puis fermez vos livres et essayez d'expliquer les règles de la pétanque.*

c) *A vous.*
Est-ce que vous avez déjà regardé une partie de pétanque? Est-ce que vous y avez déjà joué? *Où? Quand? Racontez.*

*La pétanque sur la Canebière*
*(Tableau d'Albert Dubout)*

## Compréhension orale – Un match de football

a) *Lisez d'abord le texte suivant. S'il y a des mots que vous ne comprenez pas, regardez dans le «Vocabulaire» ou dans un dictionnaire.*
*Relevez ensuite les mots et expressions qui appartiennent au vocabulaire du football.*
Un match de football a lieu dans un stade. Le Parc des Princes, par exemple, est un grand stade qui se trouve à Paris. Un match dure deux fois 45 minutes, c'est-à-dire deux mi-temps. Sur le terrain se trouvent deux gardiens de buts, 20 autres joueurs et l'arbitre. Les joueurs essaient de marquer des buts; l'arbitre siffle quand il y a une faute. Les gens qui regardent le match – les spectateurs – sont le plus souvent des supporters des équipes. Ils crient «But!» quand leur équipe a marqué. Quand, par exemple, chaque équipe a marqué un but, le score est de 1 à 1; les deux équipes sont à égalité. Pendant la mi-temps, les entraîneurs parlent à leurs joueurs.

b) Vous êtes en France. Vous avez mis la radio. Vous savez que dans quelques minutes, un reporter va donner un résumé de la première mi-temps du match France – Italie et en commenter les dernières minutes. *Quelles informations est-ce que vous attendez de ce reportage? Notez dans votre cahier les informations que vous voulez avoir.*

c) *Maintenant, écoutez le reportage une ou deux fois. Dites ensuite si le reporter vous a donné les informations que vous attendiez. Quelles sont ces informations?*

# Annexe Leçon 5

## Compréhension orale – Prévisions météorologiques

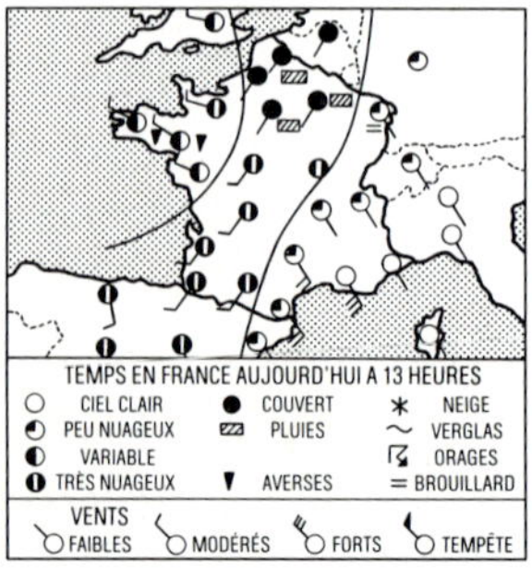


Voici la carte météorologique du journal «Le Figaro» (13 mars).
*Pour comprendre les légendes, regardez dans le «Vocabulaire» ou dans un dictionnaire. Trouvez ensuite les mots et expressions de météorologie qui vont avec les explications suivantes:*

1. Se forme sur la route quand il fait moins de zéro degré.
2. Il n'y a pas de nuages dans le ciel. (*un nuage:* eine Wolke)
3. Il pleut très fort, mais pas longtemps.
4. Le vent souffle très, très fort. (*souffler:* wehen)
5. Il pleut.
6. Le temps change sans arrêt.
7. Quand il fait très chaud, il y en a souvent.

### 1. Bulletin météo nº 1

a) Toi et tes parents, vous passez les grandes vacances à Concarneau, en Bretagne. Un vendredi, dans la matinée, vous mettez la radio pour écouter la météo. Dimanche, vous voulez faire de la voile.
*Ecoutez. Dites ensuite quels renseignements la météo vous donne à propos de la voile.*

b) *Ecoutez encore une fois le bulletin météorologique. Dites ensuite quelle carte correspond au temps annoncé pour vendredi, 13 heures. Puis, parlez du temps qu'il fera vendredi et samedi.*

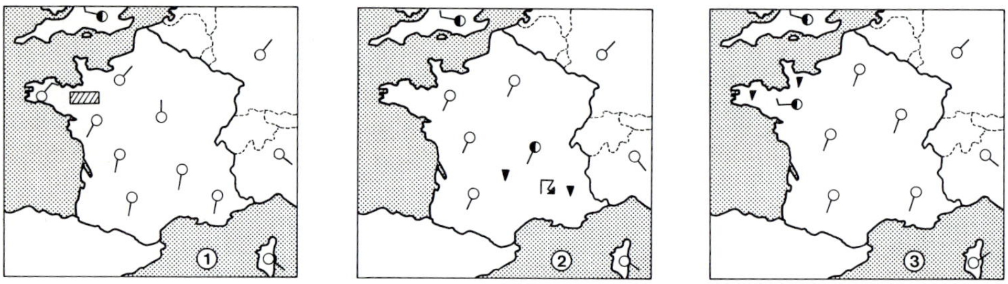


### 2. Bulletin météo nº 2

a) Tu passes tes vacances de Noël à Lyon, chez ton correspondant français. Après Noël, vous voulez partir pour une semaine dans le Massif central, mais seulement s'il y a de la neige. Le soir du 23 décembre, vous écoutez la météo.
*Ecoutez. Dites ensuite si vous partirez dans le Massif central.*

b) *Lisez ces phrases, puis écoutez le texte encore une fois. Dites ensuite si c'est juste ou faux. Quand c'est faux, corrigez la phrase.*

1. Le 24 décembre, il n'y aura pas beaucoup de soleil.
2. Il pleuvra seulement dans le Nord.
3. Il neigera au-dessus de 2000 mètres.
4. Il y a un risque de tempête sur les côtes du Midi.
5. Dans la nuit du 24 au 25 décembre, il gèlera dans le Nord, l'Est et le Centre.
6. Le 25 décembre, il pleuvra sur presque tout le pays.
7. Pendant les jours suivants, le ciel restera très nuageux.

c) *Ecoutez les deux bulletins météo encore une fois. Notez tous les futurs simples que vous entendrez.*

d) *Caractérisez le style de présentation de la météo à la radio française.*

## S'exprimer autrement

Pour parler avec les Français, il faut connaître leur langue, bien sûr, mais aussi comprendre leurs gestes et leurs mimiques.
Attention, les gestes, mimiques et expressions que voici sont familiers.

1. Pour montrer qu'on a envie de partir, on frappe, de bas en haut, sa main gauche avec le bras droit. Les doigts de la main droite sont tendus.
   Quand on fait ce geste, on dit, par exemple: «Moi, je file.»

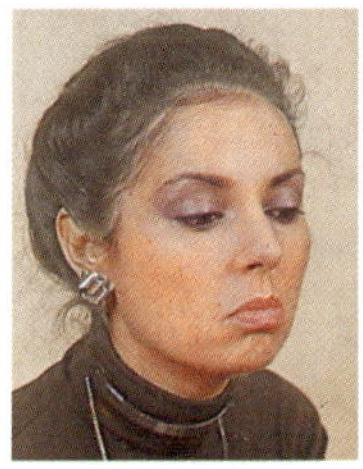

2. Pour exprimer son indifférence, on avance et on serre les lèvres, et puis on lève légèrement les épaules. Le visage a alors une expression blasée, et on dit, en général: «Bof!».

3. Pour exprimer le triomphe et pour se moquer de quelqu'un sans être méchant, on sourit et on se frotte trois fois le menton avec le pouce.
   On dit: «Na na na!»

4. Pour montrer à quelqu'un qu'on ne croit pas ce qu'il dit, on pose l'index sur la joue, au-dessous de l'œil droit et ensuite, on tire légèrement.
   On dit alors: «Mon œil!»

# 5

*Maintenant, regardez le dessin. C'est pendant une fête. Pour chaque mini-situation, imaginez un dialogue.*

**B Voici maintenant quelques expressions idiomatiques.**

1. Rire dans sa barbe
2. Avoir l'eau à la bouche
3. Prendre ses jambes à son cou
4. Avoir une dent contre qn
5. Mettre qc sur le dos de qn
6. Jeter qc à la figure de qn
7. Etre sur les genoux
8. Tirer les vers du nez à qn
9. Connaître qc sur le bout des ongles
10. Tirer les oreilles à qn
11. N'avoir que la peau et les os
12. Dormir à poings fermés
13. Avoir un chat dans la gorge
14. Se faire du mauvais sang
15. Avoir les yeux plus grands que le ventre
16. Se laver les mains de qc
17. Avoir le front de faire qc

a) Jdm. die Würmer aus der Nase ziehen
b) Einen Frosch im Hals haben
c) Sich ins Fäustchen lachen
d) Die Beine in die Hand nehmen
e) Jdm. die Ohren langziehen
f) Seine Hände in Unschuld waschen
g) Wie ein Murmeltier schlafen
h) Die Stirn haben, etw. zu tun
i) Jdm. etw. in die Schuhe schieben
j) Jdn. auf dem Kieker haben
k) Das Wasser läuft einem im Munde zusammen.
l) Jdm. etw. an den Kopf werfen
m) Am Boden zerstört sein
n) Etw. aus dem Effef verstehen
o) Nur Haut und Knochen sein
p) Sich Sorgen machen
q) Die Augen sind größer als der Magen.

a) *Relevez, dans A et B, les mots qui désignent des parties du corps. Complétez la liste.*

b) *Quelle expression allemande, dans B, va avec quelle expression française?*

c) *Quelles sont les expressions françaises et allemandes qui emploient la même image?*

d) *Imaginez, pour chaque expression française, une situation où on peut l'employer. Exemple:*
*Expression:* Avoir l'eau à la bouche
*Situation:* Deux élèves français rentrent du collège à midi. L'un d'eux a très faim. Devant un restaurant, il dit à son camarade:
«Hmm! ça sent bon. J'ai l'eau à la bouche!»

## Révision de grammaire 2

### 1. La comparaison *Complétez* (Comparatif: +/–; superlatif: ++; égalité: =).

| | |
|---|---|
| 1. Voici les résultats de l'enquête sur l'argent de poche: 81 % des jeunes | |
| ont ... 150 francs par mois, 17 % ... 150 francs. | – ; + |
| Les jeunes qui reçoivent ... argent de poche ont ... 500 francs par mois. | ++ ; + |
| Ils reçoivent donc beaucoup ... argent ... les autres. | + |
| Les élèves qui ont répondu au magazine «Boum» dépensent leur argent | |
| ... pour leurs loisirs. «Boum» a reçu de nombreuses lettres dont il | ++ souvent |
| va publier .... | ++ intéressant |
| 2. L'avis de Pierre: «Mon père est ... ma mère, qui me donne ... argent | – généreux; = |
| que je veux; mais je l'aime ... mon père, parce que lui, il s'occupe | – |
| ... de moi. L'argent n'est pas tout dans la vie!» | + |
| 3. Frédéric écrit: «Ma ... copine s'entend ... avec ses parents ... moi. | ++ bon; + bien |
| Mes parents sont ..., mais ils ne pensent qu'à leur argent. Moi, j'ai | + riche |
| ... argent de poche ... ma copine. Mais elle a le droit de travailler | = peu |
| pendant les grandes vacances. De nous deux, c'est elle qui se | |
| débrouille .... Moi, j'arrive ... elle à me payer mes passe-temps. | ++ bien; – bien |

### 2. L'adjectif: accord et place *Traduisez en français.*

Lieber Serge,

Gestern hat unsere Klasse einen sehr interessanten Ausflug nach Colmar gemacht. Zuerst haben wir St. Martin besichtigt, eine schöne gothische *(gothique)* Kirche des 13. Jahrhunderts. Dann haben wir einen langen Spaziergang durch *(dans)* die Altstadt gemacht und uns die malerischen Häuser aus dem Mittelalter angesehen. Das Haus Adolph ist das älteste Haus der Stadt. Man sagt, daß es aus dem Jahre 1350 stammt *(dater)*. In der Nähe der Kirche St. Martin findet man, in dem alten Viertel der Kaufleute, das Pfisterhaus *(maison Pfister)*, eines der schönsten Häuser des ganzen Elsaß *(Alsace, f)*. Natürlich wollte uns unser Lehrer auch die bekannten Bilder *(tableau, m)* von Schongauer und Grünewald zeigen. Nach einer kurzen Besichtigung *(visite, f)* des neuen Rathauses *(Hôtel de Ville, m)* sind wir also zum Unterlinden-Museum *(musée d'Unterlinden, m)* gegangen. Der Führer *(guide, m)* ist ein alter Freund unseres Lehrers, er wollte unbedingt alles erklären. Leider war das nicht möglich, weil wir nicht genug Zeit hatten. Mein nächster Besuch im Unterlinden-Museum wird sicherlich länger sein. Wie geht es Dir? Ich warte auf Nachricht von Dir.

Herzlichst Peter

## [Le futur antérieur] (§ 11)

[ ] Diese Übung kann durchgenommen werden, falls die Behandlung des *futur antérieur* im 3. Lernjahr erwünscht oder verpflichtend ist.

Voici ce que Barbara (18 ans, Nancy) pense faire après avoir passé son bac.
*Employez le futur simple et le futur antérieur. Exemple:*

> Quand Barbara **aura passé** son bac, elle **retournera** chez ses parents.
> Quand elle **sera retournée** chez ses parents, elle ....

Barbara veut: 1. retourner chez ses parents; 2. trouver un petit job; 3. travailler pendant quelques mois; 4. apprendre à conduire une moto; 5. s'acheter une Motrax 8; 6. visiter l'Espagne; 7. Se rendre en Italie; 8. passer quelques jours à Florence; 9. rentrer en France; 10. aller voir sa meilleure copine à Dijon; 11. aller à Nancy chercher ses affaires chez ses parents; 12. s'installer dans une chambre à Dijon; 13. s'inscrire à l'université.

# 6

## Révision de grammaire 3

### 1. Les relatifs

Le système scolaire français. *Complétez par* dont, qui, que, où, ce qui, ce que.

1. L'école ... vont tous les enfants à partir de 6 ans s'appelle l'école primaire. 2. Tous les élèves ... sortent de l'école primaire vont au collège. 3. Le collège a quatre classes ... la dernière est la 3e. 4. Les lycéens ... entrent en première choisissent le type de bac ... ils veulent passer. 5. Le bac, c'est un examen ... on a besoin pour entrer à l'université. 6. L'examen ... les élèves du L.E.P. doivent passer à la fin de leur deuxième année est un examen professionnel. 7. ... il faut reconnaître, c'est qu'en France, les élèves n'ont pas la vie facile. Par exemple, les cours durent, en général, jusqu'à 4 heures de l'après-midi. 8. ... est intéressant à savoir: en France, les élèves finissent leurs études au bout de douze ans d'école. 9. Les élèves français doivent donc apprendre en 12 ans ... les élèves allemands apprennent en 13 ans. 10. Mais les grandes vacances, ... vont du début de juillet jusqu'en septembre, sont plus longues qu'en Allemagne.

### 2. Les pronoms personnels

*Répondez aux questions. Remplacez les mots en italique par des pronoms.*

Souvenez-vous de Karsten, Ralf et Sabine.

1. – Est-ce que les trois jeunes ont pris *la route qui passe par Dijon?* – Oui, ils ....
2. – Où est-ce que M. Moreau a trouvé *les trois jeunes?* – Il ....
3. – Qu'est-ce qu'il a proposé *aux trois Allemands?* – Il ....
4. – Où est-ce qu'ils ont mis *la moto de Ralf?* – Ils ....
5. – Est-ce qu'à Beaune, M. Moreau s'est occupé *de la moto?* Oui, il ....
6. – Est-ce que quelqu'un a pu réparer *la moto?* – Non, personne ....
7. – Qu'est-ce que Corinne a montré *aux trois jeunes Allemands?* – Elle ....
8. – Quand est-ce qu'ils ont pensé *à téléphoner à Cercy?* – Ils ....
9. – Et qui a téléphoné *à la secrétaire du maire?* – C'est Corinne qui ....
10. – Est-ce que Ralf a été content *de sa rencontre avec Corinne?* – Oui, il ....
11. – Est-ce qu'il va retourner *à Beaune* un jour? – Oui, il .... C'est sûr.

### 3. Les verbes pronominaux

De Livarot, Marie-Laure téléphone à sa mère. *Traduisez en français.*

*Marie-Laures Mutter:* – Hallo?
Ach, du bist es, Marie-Laure. Na wie geht's?
*Marie-Laure:* ~ Gut geht's!
– Wo befindet ihr euch jetzt?
~ In Livarot.
– Habt Ihr euch immer gut verstanden?
~ Na klar! Wir haben uns gut amüsiert. Wir haben uns nicht eine Minute gelangweilt!
– Wo eßt ihr?
~ Mittags kaufen wir uns meistens

Brot und Milch. Abends machen wir uns etwas zu essen, in der Jugendherberge oder auf dem Campingplatz. Aber gestern abend haben wir uns ein Essen im Restaurant gegönnt *(s'offrir)*.
– Ich hoffe, ihr seid nicht zu spät ins Bett gegangen *(se coucher)*.
~ Wir haben uns um 11 Uhr ins Bett gelegt.
– Ich habe dir noch etwas zu sagen.
~ Dann beeile dich. Ich habe fast kein Geld mehr.
– Hör zu, Kleines! Kauf dir nicht so viele Andenken *(souvenir, m)* wie im letzten Jahr, und vor allem …
~ Oh, Mama! Willst du dich über mich lustig machen? …
Hallo! … Hallo! …

## 4. Quand – si

Au Foyer Social. *Complétez par* si *ou* quand. *Mettez les verbes au temps et au mode qui conviennent.*

1. *Muriel:* «… je *(venir)* ici pour la première fois, j'*(avoir)* tout de suite trouvé des amis.»
2. *Nicole:* «Moi, … j'*(avoir)* des problèmes personnels, je *(trouver)* toujours quelqu'un pour m'aider. Je ne sais pas si le père Durand va passer ce soir. Mais, … il *(passer)*, je lui *(parler)* de mes soucis.»
3. *Jean:* «J'espère réussir mon bac. L'année prochaine, … je l'*(avoir)*, je *(faire)* des études de mathématiques. J'aime bien notre prof de maths. … notre prof d'anglais *(être)* comme lui, je m'*(intéresser)* sûrement plus à cette langue.»
4. *Stéphane à Muriel:* «Dis donc, tu te montres toujours … le travail *(être)* fait.»
5. *Didier à Muriel:* «… tu *(être)* moins prétentieuse, on *(pouvoir)* mieux discuter avec toi.»
6. *Muriel:* «… vous *(continuer)* à m'embêter, je m'en *(aller)*.»
7. *Mme Terrier au nouvel assistant d'anglais:* «…, en France, un élève *(faire)* des bêtises en classe, les professeurs *(pouvoir)* l'envoyer à la permanence. Il y a des élèves qui ne *(faire)* rien, … les professeurs *(être)* moins sévères.»
8. *Martine:* «… il n'y *(avoir)* rien d'intéressant à la télé, ce soir, on *(jouer)* au tarot. D'accord?»

## [La proposition conditionnelle au passé] (§§ 21, 23)

*Relisez la lettre de Nicolas à la page 40, puis transformez les phrases suivantes. Exemple:*

> Nicolas a quitté ses parents parce qu'ils ne s'occupaient pas de lui. ⟶
> S'ils **s'étaient occupés** de lui, il ne les **aurait** pas **quittés,** je pense / je crois / je suppose.

1. Ils ne s'occupaient pas de lui parce qu'ils pensaient sans arrêt à leur nouvel appartement.
2. Nicolas a couché chez des amis parce qu'il n'avait pas assez d'argent.
3. Il a pu vivre avec 60 francs pendant le premier mois parce que ses amis l'ont aidé.
4. Plus tard, il s'est mis à voler parce qu'il n'avait pas assez à manger.
5. Comme la police l'a arrêté, il lui a fallu retourner chez ses parents.
6. Comme Nicolas ne s'est pas excusé, ses parents ne l'ont pas bien reçu.
7. Il n'a pas passé son baccalauréat: il a dû quitter le lycée.
8. Il a pu prendre une chambre en ville parce qu'il est arrivé à trouver une place d'apprentissage.

[ ] Diese Übung kann durchgenommen werden, falls die Behandlung des Bedingungsgefüges der Vergangenheit im 3. Lernjahr erwünscht oder verpflichtend ist.

Le texte suivant parle du roi Louis XIV qu'on appelle également le «Roi-Soleil».

a) *Lisez le texte une première fois sans regarder dans le «Vocabulaire» ou dans un dictionnaire. Après avoir lu le texte, répondez aux questions que voici:*

1. Première partie: Pourquoi est-ce que l'auteur compare l'architecture du château de Versailles et l'organisation de l'État sous Louis XIV?
2. Deuxième partie: Quelle était la situation des nobles au château de Versailles?
3. Quelles sont les activités du roi dont l'auteur parle dans la troisième partie?
4. Quels sont les points qu'on peut critiquer dans la politique de Louis XIV? Donnez quatre exemples.

## Louis XIV

### 1. Le château de Versailles

Le château de Versailles, situé à 14 km au sud-ouest de Paris, est un des monuments les plus connus de France. Chaque année, deux à trois millions de touristes viennent du monde entier pour visiter le parc et le château, qui sont liés pour toujours au nom de Louis XIV. C'est ce grand roi de France qui, au $17^e$ siècle, a construit le château de Versailles comme symbole de la monarchie absolue. Tout comme la chambre du roi se trouvait au centre du château, Louis XIV se trouvait au centre de l'Etat. Pour lui, la rigueur et l'uniformité ont été les principes de l'architecture de son château et de l'organisation de son Etat.

### 2. «L'Etat, c'est moi.»

Avant la construction de Versailles, les rois de France habitaient dans les châteaux de la Loire ou au Louvre, dans Paris. Les nobles vivaient dans leurs propres châteaux, en province, où ils étaient des seigneurs indépendants. Mais, après de nombreuses guerres avec le pouvoir royal, les nobles ont perdu leur indépendance et le roi Louis XIV est devenu le seul maître de la France. Il a alors construit l'immense château de Versailles, et a obligé les nobles à quitter leurs terres et à vivre à sa cour. Ainsi, le roi pouvait les contrôler sans problèmes. Eux qui avaient été des seigneurs forts et indépendants étaient devenus des courtisans qui ne dépendaient que du bon vouloir du roi. Louis XIV a gouverné la France presque seul. Il choisissait lui-même ses ministres qui, le plus souvent, n'étaient même plus des nobles, mais des bourgeois. Ses ministres le conseillaient, mais c'est lui qui prenait toutes les décisions. On ne sait pas si Louis XIV a vraiment dit: «L'Etat, c'est moi.», mais cette phrase montre bien son caractère.
Il a fait de la France un pays centralisé. Quand on regarde, aujourd'hui, le réseau des routes nationales et des lignes de chemin de fer, on comprend qu'elle l'est restée.

### 3. La journée du Roi-Soleil

La rigueur et l'uniformité se retrouvent également dans la vie au château. «L'étiquette» règle toutes les activités: le jour commence quand le roi se lève, à huit heures du matin. Le lever du roi est une cérémonie presque religieuse.

*Louis XIV en 1701*

Les nobles arrivent six par six et, à la fin, il y a une centaine de personnes dans la chambre du roi. Aider le roi à sortir du lit, lui tendre ses vêtements, lui passer sa perruque sont des privilèges que beaucoup de courtisans espèrent avoir un jour.
Plus tard dans la matinée, après avoir donné ses ordres pour la journée, le roi se rend à la messe, et travaille ensuite avec ses ministres.
A midi et demi, il déjeune seul dans sa chambre – seul, c'est-à-dire que des dizaines de personnes le regardent manger – ce qui est un autre privilège.
L'après-midi, le roi va à la chasse ou fait une promenade dans le parc du château avant de se remettre au travail.
Le soir, il donne souvent de grandes fêtes. La cour montre alors toute sa splendeur. Comme le roi est un grand ami du théâtre et de la musique, on peut, par exemple, voir des comédies de Molière ou écouter des concerts de Lulli.
On appelle Louis XIV le «Roi-Soleil» non seulement parce qu'il était le centre de toutes les activités, mais aussi parce que, comme le soleil, lui et sa cour répandaient une splendeur immense.
Mais cette splendeur cachait la misère du peuple. Sous Louis XIV, les paysans de France avaient faim; ils devaient payer beaucoup d'impôts, malgré les mauvaises récoltes; le roi avait besoin d'argent pour sa cour, et surtout pour ses guerres qui ont coûté des sommes énormes à la France.

### 4. «J'ai trop aimé la guerre.»

Louis XIV a fait la guerre à l'Espagne, à la Hollande, aux princes allemands. Il est entré dans des provinces voisines de la France – en Flandre, en Alsace, en Lorraine, en Franche-Comté – et il a dévasté une grande partie du Palatinat.
Il a également fait la guerre aux protestants qui vivaient en France. Il ne voulait tolérer qu'une seule religion. Le roi était très catholique et, pour lui, tous les Français devaient l'être aussi. En 1685, il a enlevé aux protestants toutes les libertés que le roi Henri IV leur avait données, en 1598, dans l'Edit de Nantes. 300.000 protestants français, les huguenots, ont dû émigrer en Suisse, en Hollande et surtout en Allemagne. C'est pourquoi on peut trouver aujourd'hui des noms de famille comme «Soulier» ou «Lafontaine» par exemple, à Berlin, Hambourg ou Amsterdam.
Louis XIV a été roi pendant 72 ans, de 1643 à 1715. Il a réduit le pouvoir des nobles, il a centralisé le pays, il a fait beaucoup de choses pour les lettres et les arts, il a gagné des provinces, mais, à sa mort, la France était ... ruinée. Sur son lit de mort, il a dit au futur roi Louis XV: «J'ai trop aimé la guerre. Ne m'imitez pas en cela, non plus que dans les grandes dépenses que j'ai faites.»
Toutefois, pendant longtemps, le château et la cour de Versailles ont été un modèle pour beaucoup de princes européens. Sans-Souci et les châteaux de Charlottenburg, de Würzburg et de Ludwigsburg sont de petits Versailles. Les princes ont imité l'architecture, mais aussi la vie à la cour. Partout en Europe, la noblesse et même la bourgeoisie parlaient le français, qui était devenu la langue préférée des gens «cultivés».

b) *Lisez le texte une deuxième fois, toujours sans regarder dans le «Vocabulaire» ou dans un dictionnaire Essayez de comprendre le plus de mots possible.*

c) *Vous voyez qu'il y a beaucoup de mots que vous n'avez pas encore appris, mais que vous comprenez quand même, par exemple:*
– des mots qui sont de la même famille que ceux que vous connaissez:
«royal» est de la même famille que «roi». Et les mots suivants?

| | | | |
|---|---|---|---|
| 1. l'indépendance | 4. le lever | 7. une dizaine | 10. la liberté |
| 2. une décision | 5. religieux | 8. déjeuner | 11. les dépenses |
| 3. centraliser | 6. une centaine | 9. voisin | 12. cultivé |

– des mots qui ressemblent à l'allemand:
«un parc» ressemble à l'allemand „ein Park". Et les mots suivants?

| | | | |
|---|---|---|---|
| 1. un symbole | 4. un ministre | 7. le théâtre | 10. un prince |
| 2. un principe | 5. une cérémonie | 8. un concert | 11. tolérer |
| 3. l'organisation | 6. un privilège | 9. la misère | 12. ruiner |

*Trouvez, dans le texte, d'autres exemples.*

d) *Lisez le texte une troisième fois. S'il reste des mots ou expressions que vous ne comprenez pas, regardez dans le «Vocabulaire» ou dans un dictionnaire.*

e) En France, devant les monuments connus, vous trouvez souvent un «guide parlant». Si on met de l'argent dans l'appareil, il raconte en quelques minutes l'histoire du monument.
*A vous.*
On va installer un nouveau guide parlant dans la chambre du roi, à Versailles. *Ecrivez le texte, puis enregistrez-le sur cassette. Il ne doit pas durer plus de deux minutes (350 mots).*

## Compréhension orale – Jacques Cartier

a) *Ecoutez le texte, puis répondez aux questions.*
1. Où est-ce qu'on peut entendre ce texte?
2. Que savez-vous sur François 1er?
3. Pourquoi est-ce que Jacques Cartier est très connu?
4. De combien de voyages est-ce que le texte parle?

b) *Ecoutez encore une fois la première partie du texte, puis répondez aux questions.*
1. Pourquoi est-ce que François 1er donne l'ordre à Cartier de faire cette expédition?
2. Pourquoi est-ce que Cartier écrit les mots «Vive le roi de France» sur une croix?
3. Comment est-ce que les Français appellent les habitants du pays? Pourquoi?
4. Pourquoi est-ce que les Français ne continuent pas l'exploration?
5. Que fait Jacques Cartier pour montrer au roi qu'il a découvert de nouveaux peuples?

c) *Ecoutez encore une fois la deuxième partie du texte, puis répondez aux questions.*
1. Qui fait l'interprète avec les habitants du pays pendant le voyage de 1535?
2. Pourquoi est-ce que le golfe du Saint-Laurent porte ce nom?
3. Qu'est-ce que vous savez sur la ville de Montréal?
4. Où se trouve la tombe de Jacques Cartier?

d) *Ecoutez le texte une troisième fois. Notez toutes les dates que vous entendez. Servez-vous de ces dates pour résumer le texte.*

## Révision de grammaire 4

### 1. Les pronoms et les déterminants

*Traduisez en français. Faites attention aux pronoms et aux déterminants.*

1. Herr und Frau Chasseral und *ihre* Kinder wollen *einige* Tage in der Normandie bei *ihrem* Freund Jean Colin verbringen. 2. Sie sind dabei, *ihre* Koffer zu packen. 3. Sie wollen *heute nachmittag* abfahren. 4. *Diejenigen,* die schon eine Reise mit *ihrer* Familie gemacht haben, kennen *alle* die typische Abfahrtsstimmung *(l'ambiance typique du départ)*. 5. Bei den Chasserals ist das *jedesmal* sehr lustig. 6. *Jeder* rennt, schreit, sucht *etwas*. 7. Caroline weiß nicht mehr, wo *ihr* Photoapparat ist. 8. „In *deinem* Koffer!“ ruft Bruno. „*Diese* Mädchen! Sie finden nie, *was* sie suchen!“ 9. Bruno hat *seinen* Koffer noch nicht gepackt. 10. *Alle* seine Kleidungsstücke liegen *(sont)* auf der Erde. 11. „*Alle* Koffer sind da; es fehlt *(il manque)* nur *der* von Bruno“, sagt Frau Chasseral. „Los, Bruno, beeile dich!“ 12. Frau Chasseral findet *ihre* Tasche mit *ihrem* Geld und *ihren* Schlüsseln nicht. 13. Jetzt fängt die *ganze* Familie an, *diese* Tasche zu suchen, außer *(sauf)* Herr Chasseral. 14. „*Diese* Angelegenheit interessiert mich nicht“, sagt er zu *seiner* Frau. 15. „Aber hat *jemand meine* Normandiekarten gesehen? *Die, die* auf unseren Koffern lagen *(étaient)*?“ 16. Bruno entdeckt *mehrere* Kartenstücke auf der Erde, in der Nähe des Hundes. 17. „*Dieses* Tier ist eine wahre Katastrophe!“ schreit Herr Chasseral. „*Diese* Karten waren *(ont coûté)* sehr teuer!“ 18. „Nimm doch die *anderen* Normandiekarten, die in *deinem* Schrank sind“, sagt ihm *seine* Frau.

### 2. Les nombres *Lisez.*

*(1 $km^2$ = un kilomètre carré, 1° = un degré, $1/10$ = un dixième)*
La Bretagne a 27184 $km^2$; cela fait 5 % de la France.
Elle a 1100 km de côtes et offre 1080 $km^2$ de belles plages. Ce n'est pas une région de montagne: le point le plus haut fait 384 m.
En Bretagne, la température est agréable: elle ne monte presque jamais au-dessus de 30° et ne descend pas souvent au-dessous de 0°.
En 1982, on y comptait 2707886 habitants, ce qui fait 4,99 % des Français. En 1975, il y avait 692530 Bretons qui ne vivaient pas en Bretagne, dont 324260 dans la région parisienne. Avec ses 125065 Bretons, Paris est la $2^e$ ville bretonne, après Rennes, la capitale (194656 habitants).
En 1954, 29 % des Bretonnes travaillaient comme femmes de ménage (En 1975, 5,9 % seulement).
180880 Bretons cultivent la terre ($1/10$ des paysans français).
Pour la pêche, la Bretagne est la $1^{ère}$ région de France. 10965 Bretons travaillent comme pêcheurs, les $2/5$ des pêcheurs français sont donc bretons. 179235 Bretons travaillent dans l'industrie, mais cela fait seulement 3,2 % des ouvriers français.
Tous les habitants de la Bretagne parlent le français, mais 700000 d'entre eux continuent à parler la langue bretonne en famille et avec leurs amis. *(D'après Quid 1984)*

# Annexe Leçon 8

## Compréhension orale – L'histoire de Martin Gray

a) *Ecoutez le texte, puis répondez aux questions.*
   1. Où est-ce que les Français ont entendu ce texte?
      a) A la télévision? b) A la radio?
      c) Devant un «guide parlant»?
   2. Quand est-ce que Martin Gray est venu s'installer en France? a) En 1925? b) En 1945? c) En 1960?
   3. Que dit Dina Gray à ses enfants, lorsque les flammes s'approchent de la maison?
      a) Attendons les pompiers.
      b) On ne peut pas rester ici.
      c) Je vais téléphoner à la gendarmerie de Mandelieu.
   4. Que veut la Fondation Dina Gray?
      a) Aider à protéger la nature?
      b) Expliquez pourquoi les livres sont importants?
      c) Parler de l'énergie du soleil?

b) *Ecoutez encore une fois la première partie du texte.*
*Parlez de la vie de Martin Gray avant 1945, puis de sa femme et de ses enfants.*

c) *Ecoutez encore une fois la deuxième partie du texte, puis répondez aux questions.*
   1. Pourquoi est-ce que les habitants de la région de Cannes sont inquiets?
   2. Qu'est-ce que Dina Gray et les enfants sont en train de faire, lorsque le vent ouvre la fenêt
   3. Pourquoi est-ce que Dina Gray devient, tout à coup, blanche de peur?
   4. Pourquoi est-ce que la maison des Gray n'a pas brûlé?
   5. Qu'est-ce qui est arrivé à Dina Gray et à ses enfants?

d) *Ecoutez encore une fois la troisième partie du texte, puis*
   1. dites ce que vous savez sur la Fondation Dina Gray;
   2. expliquez la phrase: «En nous est une énergie plus forte que mille soleils.»

## Révision de grammaire 5

### 1. Les prépositions *Traduisez en français. Faites attention aux prépositions.*

Mein Vater hat häufig Reisen *quer durch* die Provence gemacht. *Seiner Meinung nach* ist sie vor allen *im* Sommer schön, *trotz* der großen Hitze. Aber leider gibt es zuviele Touristen. *Um* den 1. Augus *herum* fahren *(partir)* Millionen Franzosen im Auto *gen* Süden, um ihre Ferien *in der* Provence zu verbringen. *Vom* Anfang *bis zum* Ende des Monats findet man keinen Platz *auf* den Parkplätzer und es gibt keine Zimmer *unter(halb)* 250 F. Da mein Vater viele Photos macht, beklagt er sich auch über die Touristenbusse *(car de touristes, m) vor, hinter* und *neben* jedem Bauwerk *(monument, m)*. *Während* des Sommers ist es unmöglich zu photographieren, *ohne* Touristen auf de Photos zu haben. *Wegen* dieser Touristen nimmt mein Vater seinen Urlaub nicht mehr im Somme *Seit* einigen Jahren fährt *(aller)* er *im* Frühling oder *im* Herbst *in* die Provence. *Vor* zwei Jahren ist er zum ersten Mal *durch* den Lubéron gefahren *(passer)*. Dieses Gebirge befindet sich *in der Nähe der* Stadt Apt. Der Lubéron hat ihm sehr gefallen. *Zur Zeit* schreibt er ein Buch *über* seine Eindrücke. Er will es *vor* (dem) Ende des Jahres veröffentlichen *(publier)*.

**2. Les articles** *Complétez, lorsqu'il le faut.*

Bonjour, monsieur. Je voudrais ... farine. Un kilo ... farine, s'il vous plaît. Et ... œufs, beaucoup ... œufs; c'est pour faire ... crêpes. J'aime ... crêpes, pas vous? Et un pot ... confiture d'oranges: je mange ... crêpes avec ... confiture. Mais non, ça, ce n'est pas ... confiture d'oranges, c'est ... confiture d'ananas. Ah, vous n'avez pas ... confiture d'oranges? Bon, bon, je préfère ... oranges, mais je suis d'accord pour ... ananas *(pluriel)*. Et puis, je voudrais ... beurre. Je ne sais pas combien ... beurre il faut pour douze personnes. Bon, donnez-moi cent grammes ... beurre. Vous avez ... beurre normand? J'aime bien ... beurre normand.
Pourquoi est-ce que vous m'avez donné ... sel? Je ne veux pas ... sel. Je fais toujours ... crêpes sans ... sel.

**3. Formation de mots**

*Complétez par des noms ou des adjectifs de la même famille que les mots en italique.*
1. La Corse est très *belle*. On l'appelle «l'île de ...». 2. Les Corses aiment leur *liberté*. Ils ont constamment lutté pour être .... 3. La *pauvreté* de l'île est un problème: trop de familles sont .... 4. Elles ont la vie *difficile*. A cause de ces ..., beaucoup de Corses viennent s'installer en France. 5. Ils pensent qu'il est *possible* d'y trouver du travail. Mais la France offre moins de ... qu'ils croient.

---

## [Le verbe employé avec deux pronoms (pronoms objets, en, y)] (§ 36)

a) *Complétez chaque fois par deux pronoms.*

Jeanne Crozet et Jacques Rossi:
– Vous *me* donnez *la carte de la région*, monsieur?
~ Oui, je ...... apporte tout de suite.
Le commandant Battesti *vous* a parlé *de l'incendie qu'il y a eu près de Porto-Vecchio?*
– Oui, il ...... a parlé. Et je suis allée là-bas.
~ Les collègues de Porto-Vecchio *vous* ont montré *le feu?*
– Non, ils n'ont pas pu ...... montrer.
Cela aurait été trop dangereux.

Martin Laurent et Jacques Rossi:
– Jacques, tu *me* passes *le micro?*
~ Je ...... donne. Une seconde!
– Allô! commandant, il y a un grand incendie. *On* aura peut-être besoin des *avions*.
+ Allô! j'ai compris. Je vais ...... envoyer.
– Non, ne ...... envoyez pas tout de suite. Attendez encore.

b) *Complétez chaque fois par deux pronoms.*

Jeanne Crozet et le commandant Battesti:
– Qui est-ce qui donne *les ordres aux pompiers?*
~ C'est moi qui ...... donne. *Si vous voulez aller dans la montagne* avec *M. Rossi*, je vais ...... dire tout de suite.
– Non, ne ...... dites pas tout de suite. J'aurais encore une question.
~ Mais vous pouvez *la* poser *à M. Rossi*.
– Vous avez raison. Je ...... poserai tout à l'heure.

c) *Répondez par* Oui, .... *Employez l'impératif avec deux pronoms.*

Martin Laurent et Jeanne Crozet:
– Madame, voulez-vous que
1. je *vous* montre *les avions?*
2. je *vous* présente *Marc, le pilote d'un de nos Canadairs?*
3. je *vous* parle *de leur métier si dangereux?*
4. je montre *aux pilotes la revue où il y a votre reportage?*
5. je montre *votre reportage au commandant?*

---

[ ] Diese Übung kann durchgenommen werden, falls die Behandlung der Stellung zweier Objektpronomen (einschließlich *en* und *y*) im 3. Lernjahr erwünscht oder verpflichtend ist.

# Vocabulaire

## Pour faire les exercices du livre

*Hier sind die wichtigsten Anweisungen aus den Übungen dieses Buches zusammengestellt.*

| | |
|---|---|
| **C'est quel genre de texte?** | Um welche Textsorte handelt es sich? |
| **Faites le plan du texte.** | Gliedert den Text. |
| **Relevez les mots clés.** | Notiert die Schlüsselwörter. |
| **Essayez de comprendre les légendes.** | Versucht, die Bildlegenden zu verstehen. |
| **Reliez les deux phrases par ...** | Verbindet die beiden Sätze durch ... |
| **Prenez le rôle de ...** | Übernehmt die Rolle von ... |
| **Transformez les phrases affirmatives en phrases négatives et vice versa.** | Formt die bejahten Sätze in verneinte um und umgekehrt. |
| **Traduisez en français/en allemand.** | Übersetzt ins Französische/Deutsche. |
| **Imaginez une situation ...** | Stellt euch eine Situation vor ... |
| **Relevez les mots qui appartiennent au vocabulaire de ...** | Notiert die Wörter, die zum Wortschatz ... gehören. |
| **Lisez le texte suivant.** | Lest den folgenden Text. |
| **Regardez dans un dictionnaire.** | Schaut in einem Wörterbuch nach. |
| **Exprimez d'une autre façon.** | Drückt (es) auf andere Weise aus. |
| **Trouvez les mots qui vont avec les explications suivantes.** | Findet die Wörter, die zu den folgenden Erklärungen passen. |
| **Caractérisez le style de présentation de ...** | Beschreibt den Stil der Darstellung ... |
| **Voici quelques expressions idiomatiques.** | Hier sind einige idiomatische Ausdrücke. |
| **Relevez les mots qui désignent ...** | Notiert die Wörter, die ... bezeichnen. |
| **Quelles sont les expressions qui emploient la même image?** | Welche Ausdrücke verwenden dasselbe Bild? |
| **Faites le portrait de chaque personnage.** | Charakterisiert jede Person. |
| **Faites ce travail en groupes.** | Macht diese Arbeit in Gruppen. |
| **Justifiez votre réponse.** | Begründet eure Antwort. |
| **Relevez les expressions qui sont en français familier.** | Notiert die Ausdrücke, die zur französischen Umgangssprache gehören. |
| **Liste des abréviations** | Liste der Abkürzungen |
| **Ce mot français ressemble à l'allemand.** | Dieses französische Wort ähnelt dem Deutschen. |
| **Un mot peut avoir plusieurs significations.** | Ein Wort kann mehrere Bedeutungen haben. |
| **Regardez cet extrait de ...** | Betrachtet diesen Auszug aus ... |
| **Quelles sont les personnes qui participent à la discussion?** | Welche Personen nehmen an der Diskussion teil? |
| **Où est-ce que ... a lieu?** | Wo findet ... statt? |
| **Quel est le sujet principal de ...?** | Was ist das Hauptthema ...? |
| **Résumez le contenu de ...** | Faßt den Inhalt von ... zusammen. |
| **Complétez par des mots de sens contraire.** | Vervollständigt durch Wörter mit entgegengesetzter Bedeutung. |
| **De quoi est-ce que l'auteur parle dans la troisième partie?** | Worüber spricht der Autor im dritten Teil? |
| **Ce mot est de la même famille que ...** | Dieses Wort gehört zur selben Familie wie ... |
| **Enregistrez le texte sur cassette.** | Nehmt den Text auf Cassette auf. |

| | |
|---|---|
| **Quel est l'avantage/le désavantage de ...?** | Welches ist der Vorteil/der Nachteil von ...? |
| **Mettez les verbes à la forme correcte de ...** | Setzt die Verben in die richtige Form des ... |
| **Classez les expressions de la liste d'après les groupes indiqués dans votre grammaire.** | Ordnet die Ausdrücke der Liste in die Gruppen ein, die in eurer Grammatik angegeben sind. |
| **Quelles sont les conjonctions qui expriment une idée de temps/de cause/de but/ de conséquence/de concession/de condition?** | Welche Konjunktionen drücken eine Beziehung der Zeit/des Grundes/der Absicht/der Folge/der Einräumung/der Bedingung aus? |

## Pour comprendre les définitions du vocabulaire

| | |
|---|---|
| **une définition** | eine Definition |
| **un endroit** [ɑ̃drwa] | ein Ort |
| **une action** [aksjɔ̃] | eine Handlung/Tätigkeit/ Vorgang |
| **un sentiment** | ein Gefühl |
| **un objet** | ein Gegenstand |
| **un instrument** | ein Instrument/Mittel |
| **une qualité** | eine Eigenschaft |
| **un état** | ein Zustand |
| **se rapporter à qc** | sich auf etw. beziehen |

**Explication des signes et des abréviations** *(f)* — Erklärung der Zeichen und der Abkürzungen

| | | |
|---|---|---|
| → | Comparez avec ... | Vergleicht mit ... |
| ≠ | le contraire de | das Gegenteil von |
| *fam* | familier | umgangssprachlich *(ugs)* |
| *conj* | conjonction | Konjunktion |
| *adv* | adverbe | Adverb |
| *adj* | adjectif | Adjektiv |
| *f* | féminin | feminin |
| *m* | masculin | maskulin |
| *plur* | pluriel | Plural |

Die mit ° gekennzeichneten Wörter und Wendungen zählen zum rezeptiven Wortschatz. Sie werden in den folgenden Lektionen nicht als bekannt vorausgesetzt.

# Leçon 1

## A la découverte de la Normandie

| | | | | | |
|---|---|---|---|---|---|
| **le nord** | [nɔr] | der Norden | **le nord-est** | [nɔrɛst] | der Nordosten |
| **le sud** | [syd] | der Süden | **le nord-ouest** | [nɔrwɛst] | der Nordwesten |
| **l'est** *(m)* | [lɛst] | der Osten | **le sud-est** | [sydɛst] | der Südosten |
| **l'ouest** *(m)* | [lwɛst] | der Westen | **le sud-ouest** | [sydwɛst] | der Südwesten |

*Villes*

| | | | | | | |
|---|---|---|---|---|---|---|
| **Etretat** [etrəta] | | **Bayeux** [bajø] | | **Caen** [kɑ̃] | | **Clermont-Ferrand** [klɛrmɔ̃fɛrɑ̃] |
| **Honfleur** [ɔ̃flœr] | | **Deauville** [dovil] | | **Limoges** [limɔʒ] | | |

| | | |
|---|---|---|
| **la Normandie** | une région qui se trouve dans le nord-ouest de la France | die Normandie |

Voulez-vous
- rencontrer de jeunes Français?
- faire du sport en France?
- apprendre le français en France?
- passer vos vacances en France?
- aller à l'école en France?
- travailler en France?
- faire des échanges avec des Français?

Ecrivez ...
- au Deutsch-Französisches Jugendwerk (dfjw)
  Rhöndorfer Straße 23
  5340 Bad Honnef 1
- à l'Office franco-allemand pour la jeunesse (ofaj)
  6, rue Casimir-Delavigne
  F-75006 Paris

# Leçon 2

## A La Normandie au Moyen Age

| | | |
|---|---|---|
| ° **un domaine** [dɔmɛn] | | ° ein Herrschaftsgebiet |
| **le Moyen Age** | *Au Moyen Age,* les paysans vivaient très mal. | das Mittelalter |
| **curieusement** | (*adv. de:* curieux, -euse) chose curieuse | merkwürdigerweise |
| **appartenir à** | *j'appartiens, nous appartenons, ils appartiennent; j'ai appartenu;* Ce vélo est à elle: il *lui appartient.* | gehören |
| **un roi** [rwa], **une reine** [rɛn] | Comment s'appelle *le roi* d'Espagne/ *la reine* d'Angleterre? | ein König, eine Königin |
| **les Vikings** [vikiŋ] | des hommes qui venaient du nord de l'Europe/ les Normands | die Wikinger/ Normannen |
| **même** | Pierre travaille tout le temps, *même* le dimanche. | sogar |
| **une armée** | | eine Armee |
| **une bataille** [bataj] | Notre armée a perdu *une bataille,* mais elle n'a pas perdu la guerre. | eine Schlacht |
| **Hastings** [astiŋs] | un port qui se trouve dans le sud de l'Angleterre | Hastings |
| **s'installer dans un pays** | aller dans un pays et y rester | sich in einem Land niederlassen/einric |
| **devenir** | *je deviens, nous devenons, ils deviennent; je suis devenu(e);* Après la bataille de Hastings, Guillaume *est devenu* roi d'Angleterre. | werden |
| **également** | aussi | (zugleich) auch/eben |
| **Philippe Auguste** [filipogyst] | Il a été roi de France de 1180 à 1223. | Philipp August |
| **Richard Cœur de Lion** [riʃarkœrdəljõ] | Il a été roi d'Angleterre de 1189 à 1199. | Richard Löwenherz |
| ° **une forteresse** | | ° eine Festung |
| **Château-Gaillard** [ʃatogajar] | la forteresse de Richard Cœur de Lion | Château-Gaillard |

## Exercices

| | | |
|---|---|---|
| 1 **un soldat** [sɔlda], **une soldate** [sɔldat] | Dans une armée, il y a *des soldats.* | ein Soldat, eine Soldatin |
| **Harold** [arɔld] | un roi d'Angleterre; né en 1022, mort en 1066 | Harold |
| **la Norvège** [nɔrvɛʒ] | un pays qui se trouve dans le nord de l'Europe | Norwegen |
| **j'arrive à faire qc** | Il *est arrivé* à ouvrir la porte: il peut enfin entrer. | es gelingt mir, etw. zu |
| **tuer qn** | Harold est mort: c'est un Normand qui l'*a tué.* | jdn. töten |

## Le siège de Château-Gaillard

| | | |
|---|---|---|
| **un siège** | Philippe Auguste a fait *le siège* de Château-Gaillard. | eine Belagerung |
| **la construction** | Le château n'est pas fini: il est en *construction.* | der Bau |
| **Jean sans Terre** | Il a été roi d'Angleterre de 1199 à 1216. | Johann Ohneland |
| **solide** | qui ne se casse pas facilement | stark/fest |
| **l'hiver** *(m)* [livɛr] | En *hiver*, il y a beaucoup de neige dans les Alpes. | der Winter |
| **Bogis** [bɔʒis] | un des soldats de l'armée de Philippe Auguste | Bogis |
| **garder qc** | Nous pouvons laisser nos affaires dans la voiture: le parking *est gardé.* | etw. bewachen |
| **il fait sombre** | Quand *il fait sombre,* on ne voit pas bien. | es ist düster/dunkel |
| °**les latrines** *(f)* | | ° die Latrine |
| **simplement** | 1. (*adv. de:* simple) Tout le monde le comprend: il parle *simplement.* | einfach *(adv)* |
| | 2. Je n'ai pas fait grand-chose cet après-midi: j'ai *simplement* écrit à mon oncle. | nur |
| **oublier de faire qc** | ≠ penser à faire qc | vergessen, etw. zu tun |
| **nombreux, -euse** | en grand nombre | zahlreich |

*Le masculin et le féminin des adjectifs*

● *Une seule forme – Eine einzige Form*

| | | | | | |
|---|---|---|---|---|---|
| ***agréable** | angenehm | ***formidable** | toll | **pittoresque** | malerisch |
| ***calme** | ruhig | **jaune** | gelb | **possible** | möglich |
| ***confortable** | bequem | **jeune** | jung | **rouge** | rot |
| ***drôle** | lustig | ***libre** | frei | ***solide** | fest/stark |
| **énorme** | enorm | **malade** | krank | ***sombre** | dunkel/düster |
| ***facile** | leicht | **moderne** | modern | ***triste** | traurig |

● *Deux formes – Zwei Formen*

| | | | | | |
|---|---|---|---|---|---|
| ***absolu,e** | absolut | **court,e** | kurz | **content,e** | zufrieden |
| **bleu,e** | blau | ***petit,e** | klein | **intéressant,e** | interessant |
| **demi,e** | halb | **vert,e** | grün | **méchant,e** | böse/bösartig |
| ***joli,e** | hübsch | **inquiet, -iète** | beunruhigt | **bon, bonne** | gut |
| **fatigué,e** | müde | **violet, -ette** | violett | **brun, brune** | braun |
| ***vrai,e** | wahr | ***naturel,le** | natürlich | ***plein, pleine** | voll |
| **cher, -ère** | lieb/teuer | **gris,e** | grau | ***dernier, -ière** | letzte(r/s) |
| ***dur,e** | hart | **mauvais,e** | schlecht | ***premier, -ière** | erste(r/s) |
| **meilleur,e** | besser | **surpris,e** | überrascht | ***entier, -ière** | vollständig |
| **noir,e** | schwarz | ***bas,se** | niedrig/tief | ***régulier, -ière** | regelmäßig |
| ***sûr,e** | sicher | **gros,se** | dick/groß | ***léger, -ère** | leicht |
| **blond,e** | blond | ***amoureux, -euse** | verliebt | **gentil,le** | nett |
| ***chaud,e** | warm | ***curieux, -euse** | neugierig/seltsam | **blanc, blanche** | weiß |
| ***froid,e** | kalt | ***dangereux, -euse** | gefährlich | ***frais, fraîche** | frisch |
| ***grand,e** | groß | ***heureux, -euse** | glücklich | ***fou, folle** | verrückt |
| **profond,e** | tief | ***malheureux, -euse** | unglücklich | ***long, longue** | lang |
| | | **nombreux, -euse** | zahlreich | ***sportif, -ive** | sportlich |

* *Von diesen Adjektiven werden die Adverbien auf regelmäßige Weise abgeleitet.*

● *Trois formes – Drei Formen*

**beau, bel, belle** schön **nouveau, nouvel, nouvelle** neu **vieux, vieil, vieille** alt

● *Attention au pluriel! – Beachtet den Plural!*

| | |
|---|---|
| **un** anorak **gris** | **des** anoraks **gris** |
| **un** garçon **amoureux** | **des** garçons **amoureux** |
| **un beau** pull | de beau**x** pulls |

● *Invariable – Unveränderlich*

| | |
|---|---|
| **orange** | orange(farben) |
| **chic** | schick |
| **bon marché** | billig |
| **bleu/vert/... foncé** | dunkelblau/-grün/-... |
| **bleu/vert/... clair** | hellblau/-grün/-... |

● *Attention à la place! – Beachtet die Stellung!*

*Les adjectifs* grand, gros, petit, haut, jeune, vieux, nouveau, bon, meilleur, mauvais, beau, joli, cher («lieb») *sont placés le plus souvent avant le nom.*

*Mais:* long, court
un long/court moment *(zeitlich)* – une robe longue/courte *(räumlich)*

# Leçon 3

## A Concarneau

*Villes*

| | | | | | |
|---|---|---|---|---|---|
| **Berne** | [bɛrn] | **Quimper** | [kɛ̃pɛr] | **Lorient** | [lɔriɑ̃] |
| **Concarneau** | [kõkarno] | **St-Malo** | [sɛ̃malo] | **Boulogne-sur-Mer** | [bulɔɲsyrmɛr] |

| | | |
|---|---|---|
| **un rapide** | un train qui roule vite et qui s'arrête dans peu de gares | ein D-Zug |
| **un échange** | En juillet, je vais chez mon copain français et, en août, il vient chez moi: nous allons faire *un échange.* | ein Austausch |
| **la Bretagne** [brətaɲ] | une région qui se trouve dans l'ouest de la France | die Bretagne |
| **un Breton, une Bretonne** | qn qui vient de Bretagne | ein Bretone, eine Bretonin |
| **breton,ne** | St-Malo est un port *breton.* | bretonisch |
| **avant de faire qc** | *Avant de partir* au collège, je prends mon petit déjeuner. | bevor man etw. tut |
| **lire un texte à qn** | Le professeur *a lu le texte à* ses élèves. | jdm. einen Text vorlesen |
| **la pêche** | On va à *la pêche* pour attraper des poissons. | der Fischfang |
| **pêcher** | attraper des poissons | fischen |
| **un pêcheur, une pêcheuse** | qn qui pêche | ein Fischer, eine Fischerin |
| **plus de** | J'ai 23 disques, j'en ai *plus* [ply] *de* 20. J'ai *plus* [ply(s)] *de* disques que mon frère. | mehr als (20) mehr (Schallplatten) als |
| **plus que** | J'en ai *plus* [ply(s)] *que* lui. | mehr als (er) |
| **le plus (de)** | J'ai 23 disques; Pierre en a 15 et Yves en a 12: c'est moi qui ai *le plus* [ply(s)] *de* disques/qui en ai *le plus* [plys]. | das meiste, die meisten |

| | | |
|---|---|---|
| **autant de** | Luc a 50 livres; j'en ai 50 aussi: j'ai *autant de* livres que Luc. | (genau)soviele (Bücher) |
| **autant que** | J'en ai *autant que* lui. | (genau)soviele wie (er) |
| **une île** | La Grande-Bretagne est *une île.* | eine Insel |
| **la Corse** | une île française de la Méditerranée | Korsika |
| **être situé,e** | se trouver | gelegen sein/liegen |
| ° **fortifier une ville** | | ° eine Stadt befestigen |
| **contraster avec** | Le centre Pompidou *contraste avec* les vieilles maisons du quartier. | einen Kontrast bilden mit |
| **moderniser qc** | Le port de Concarneau est devenu moderne: on l'a *modernisé.* | etw. modernisieren |
| **systématiquement** [sistematikmɑ̃] | (*adv. de:* systématique) | systematisch *(adv)* |
| **décharger qc** | ≠ charger qc | etw. ausladen |
| ° **trier qc** | | ° etw. sortieren |
| ° **un cageot** [kaʒo] | | ° eine Lattenkiste |
| ° **un merlan** [mɛrlɑ̃] | | ° ein Wittling *(Dorschart)* |
| ° **un maquereau,** [makro] des maquereau**x** | | ° eine Makrele, Makrelen |
| **après avoir fait qc** | *Après avoir pris* mon petit déjeuner, je pars au collège. | nachdem man etw. getan hat |
| **geler** [ʒle] | Quand il fait zéro, l'eau *gèle* [ʒɛl]. | (ge)frieren |
| **avoir les mains gelées** | avoir très froid aux mains | eiskalte Hände haben |
| ° **vendre qc à la criée** | | ° etwas versteigern |
| **Le Goffic** [ləgɔfik] | un nom de famille breton | Le Goffic |
| ° **une conserverie** | | ° eine Konservenfabrik |
| **construire qc** [kɔ̃strɥir] | *je construis, nous construisons, ils construisent; j'ai construit;* bâtir/ → la construction | etw. bauen |
| **surtout** | Il y a beaucoup d'activité dans le port, *surtout* la nuit. | vor allem/besonders |
| **lorsque** *(conj)* | quand | als/wenn |
| **pour ne pas (faire qc)** | Je suis parti très tôt *pour ne pas* arriver en retard. | um nicht |

## Exercices

| | | |
|---|---|---|
| **la consommation** | Quelle est *la consommation* de fromage, par an, en France? | der Verbrauch/ Konsum |
| **une possibilité** | → possible | eine Möglichkeit |
| **profiter de qc** | | von etw. profitieren |
| **la gare Montparnasse** [mɔ̃parnas] | une gare de Paris, d'où partent les trains qui vont en Bretagne | der Bahnhof Montparnasse |
| **Anne Kerloc'h** [ankɛrlɔk] | un nom breton | Anne Kerloc'h |
| **mon correspondant, ma correspondante** | une personne à qui j'écris, qui m'écrit, et avec qui je fais des échanges | mein(e) Brieffreund(in)/ mein(e) Austauschpartner(in) |

| | | | |
|---|---|---|---|
| 7 | **payer cher qc** | donner beaucoup d'argent pour avoir qc | viel Geld für etw. bezahlen/etw. teue bezahlen |
| 8 | ° **un menhir** [menir] | | ° ein Menhir/ Hinkelstein |
| | ° **un dolmen** [dɔlmɛn] | | ° ein Dolmen *(keltisches Steingrab)* |
| | **Carnac** [karnak] | une petite ville située en Bretagne | Carnac |
| | **Jésus-Christ** [ʒezykri] | croire en *Jésus-Christ* | Jesus Christus |
| 9 | **le Canada** | Elle vient du *Canada.*/Elle va au *Canada.* | Kanada |
| | ° **une sardine** [sardin] | | ° eine Sardine |

## B Le «Saint-Guénolé»

| | | |
|---|---|---|
| **saint Guénolé** [sɛ̃genɔle] | le nom d'un saint breton | der heilige Guénolé |
| **(le) Saint-Guénolé** | le nom d'un bateau (et d'un petit port de pêche breton) | (die) Saint-Guénolé |
| **Yann** [jan] | un prénom breton (de garçon) | Yann |
| **conduire** [kõdɥir] | *je conduis, nous conduisons, ils conduisent; j'ai conduit;* | |
| | 1. *conduire une voiture:* être au volant d'une voiture | ein Auto fahren |
| | 2. *conduire qn au port:* amener qn au port | jdn. zum Hafen bringe |
| ° **un chalutier** | | ° ein Fischtrawler |
| **un filet** | ce qui sert à attraper les poissons | ein (Fisch)Netz |
| **Jakez** [ʒakɛz] | un prénom breton (de garçon) | Jakez |
| **sûr,e** | vrai/qu'on ne peut pas mettre en question | sicher/gewiß |
| **(C'est) sûr.** | Tu as/Vous avez raison. | Das stimmt! |
| **tout à l'heure** | 1. il y a peu de temps: elle est venue *tout à l'heure.* | vorhin/eben |
| | 2. dans peu de temps: elle va venir *tout à l'heure.* | nachher/bald/gleich |
| **emmener qn** [ãmne] | *j'emmène, nous emmenons, ils emmènent; j'ai emmené;* Nous prenons Walter avec nous: nous *l'emmenons.* | jdn. mitnehmen |
| **avoir le mal de mer** | être malade quand on va sur la mer | seekrank sein |
| **haut,e** | La tour Eiffel est très *haute.* | hoch |
| **en haute mer** | ≠ près de la côte | auf hoher/offener See |
| **une voile** | Il y a du vent: on peut mettre *la voile.* | ein Segel |
| **La mer se lève.** | ≠ La mer devient calme. | Das Meer wird unruhig. |
| **se sentir bien** | être bien/ne pas être malade/≠ se sentir mal | sich wohl fühlen |
| **qc arrive à qn** | Avoir le mal de mer, *ça m'arrive* souvent. | etw. passiert jdm. |
| **loin (de)** [lwɛ̃] | ≠ près (de) | weit (weg) (von) |
| **l'arrière** *(m)* | Les enfants se mettent *à l'arrière* de la voiture. | der hintere Teil |
| ° **Ce bateau pêche à l'arrière.** | | ° Dieses Schiff ist ein Heckfänger. |
| **si loin** | tellement loin | so weit |
| **polluer** | Cette eau est grise, presque noire: elle est *polluée.* | verschmutzen |
| ° **être suspendu,e** | | ° hängen/aufgehängt sei |
| **au-dessus de** [odsydə] | J'habite *au-dessus d'*une pharmacie. | über/oberhalb von |
| **au-dessous de** [odsudə] | ≠ au-dessus de | unter/unterhalb von |
| **s'approcher de** | aller près de | sich … nähern |
| **glisser** | Je marchais dans la neige. J'ai *glissé* et je suis tombé(e). | ausgleiten/ausrutsche |

| | | |
|---|---|---|
| **se dégager** | Il est tombé dans la neige profonde. Après *s'être dégagé,* il a repris la piste. | sich befreien |
| **reconnaître qc/qn** | Je ne l'avais pas vu depuis longtemps, mais je l'*ai reconnu* tout de suite. | etw./jdn. (wieder)erkennen |

## Exercices

| | | |
|---|---|---|
| **Le Borgne** [ləbɔrɲ] | un nom de famille breton | Le Borgne |
| **une faute** | Tu as fait combien de *fautes?* | ein Fehler *(, den man macht)* |
| **corriger qc** | Le professeur *corrige* nos exercices. | etw. korrigieren/verbessern |
| °**un proverbe** | | °ein Sprichwort |

*Les adverbes simples*

● *Les adverbes de lieu – Adverbien des Ortes*

| | | | | | |
|---|---|---|---|---|---|
| **ici** | hier | **à côté** | daneben | **en face** | gegenüber |
| **là(-bas)** | da/dort(hinten) | **à gauche** | links | **en bas** | unten |
| **devant** | davor | **à droite** | rechts | **au-dessous** | darunter |
| **derrière** | dahinter | **tout droit** | geradeaus | **au-dessus** | darüber |

● *Les adverbes de temps – Adverbien der Zeit*

| | | | | | |
|---|---|---|---|---|---|
| **aujourd'hui** | heute | **alors** | damals; dann/da | **souvent** | oft |
| **demain** | morgen | **d'abord** | zunächst/zuerst | **quelquefois** | manchmal |
| **hier** | gestern | **ensuite** | danach | **tout de suite** | sofort |
| **maintenant** | jetzt | **enfin** | endlich | **tout à coup** | plötzlich |
| **autrefois** | früher | **déjà** | schon | **après** | danach/nachher |
| **tout à l'heure** | vorhin; nachher | **encore** | noch | **avant** | davor/vorher |
| | | **toujours** | immer (noch) | **tôt** | früh |
| **depuis** | seither | **bientôt** | bald | **tard** | spät |
| **puis** | dann/danach | **longtemps** | lange | | |

● *Les adverbes de manière – Adverbien der Art und Weise*

| | | | | | |
|---|---|---|---|---|---|
| **bien** | gut | **mal** | schlecht | **ensemble** | zusammen |
| **mieux** | besser | **vite** | schnell | | |

● *Les adverbes de quantité – Adverbien der Menge*

| | | | | | |
|---|---|---|---|---|---|
| **beaucoup** *(+ verbe)* | viel/sehr | **autant** *(+ verbe)* | genausoviel/ ebensoviel | **peu** | wenig |
| | | | | **moins** | weniger |
| **très** *(+ adjectif/ adverbe)* | sehr | **aussi** *(+ adjectif/ adverbe)* | genauso | **plus** | mehr |
| | | | | **trop** | zu viel |
| | | | | **presque** | fast |
| **assez** | ziemlich; genug | **si** | so | | |

● *Autres adverbes – Weitere Adverbien*

| | | | | | |
|---|---|---|---|---|---|
| **d'ailleurs** | übrigens | **même** | sogar | **quand même** | trotzdem |
| **aussi** | auch | **peut-être** | vielleicht | **surtout** | vor allem/besonders |

● *Pour finir une lettre officielle*

| | |
|---|---|
| – **Je vous prie de croire, (chère) Madame/…, à mes sentiments les meilleurs/ à mes sentiments distingués.**<br>– **Recevez/Je vous prie d'agréer** [agree], **(chère) Madame/…, l'expression de mes sentiments les meilleurs/ l'expression de mes sentiments distingués.** | Hochachtungsvoll/<br>Mit freundlichen Grüßen |

## B En route pour Cercy-la-Tour

*Ville* **Beaune** [bon] *Village* **Vougeot** [vuʒo]

| | | |
|---|---|---|
| **être en route pour…** | rouler vers… | unterwegs sein nach… |
| **se mettre en route** | partir | sich auf den Weg machen |
| **avoir l'impression** *(f)* **que…** | avoir le sentiment que… | den Eindruck haben, daß… |
| ° **chaleureux, -euse** [ʃalørø,-øz] | | ° herzlich |
| ° **vachement sympa** *(fam)* | très sympathique | ° echt nett *(ugs)* |
| ° **un/une motocycliste** | | ° ein(e) Motorradfahrer |
| **de temps en temps** [dətɑ̃zɑ̃tɑ̃] | ≠ tout le temps | von Zeit zu Zeit/ ab und zu |
| **se tromper** | faire une faute | sich täuschen/irren |
| **se tromper de route** | prendre la mauvaise route | sich verfahren |
| **si** | *S'il* fait beau demain, nous ferons une promenade. | wenn/falls |
| ° **la gendarmerie** | | ° *Arbeits- und Wohnstelle der Gendarmen* |
| **ne…que** | seulement; Luc *ne* parle *que* de sa moto. | nur/ausschließlich |
| **un/une secrétaire** | Ma mère travaille comme *secrétaire* dans un collège. | ein(e) Sekretär(in) |
| ° **déraper** | | ° ins Schleudern komm |
| ° **un fossé** | | ° ein Graben |
| **se faire mal** | Yann est tombé: il *s'est fait mal.* | sich weh tun |
| **remettre qc en marche** | Le moteur de ma moto s'est arrêté: je dois *remettre ma moto en marche.* | etw. wieder in Gang bringen |
| **s'adresser à qn** | parler/écrire à qn | sich an jdn. wenden |
| **un garage** | 1. un petit bâtiment où on met sa voiture<br>2. un atelier où on répare les voitures | eine Garage<br>eine Autowerkstatt |
| **Allez, en route!** | Allez, on part! | Los, fahren/ gehen wir! |
| **Moreau** | un nom de famille | Moreau |
| **présenter qn à qn** | dire, par exemple: «Voilà Luc, mon frère.» | jdn. jdm. vorstellen |
| **Corinne** [kɔrin] | un prénom de fille | Corinne |
| **faire de l'allemand** | apprendre l'allemand | Deutsch lernen |
| **le lycée** [lise] | Les élèves qui ont entre 16 et 18 ans ne vont plus au collège, mais au *lycée.* | *entspricht der Sekundarstufe II/ der Oberstufe des Gymnasiums* |

| | | |
|---|---|---|
| **un autorail** [otɔraj] | | ° ein Schienenbus |
| **l'Hôtel-Dieu de Beaune** [lotɛldjø] | | ° *Sehenswürdigkeit in Beaune: Krankenhaus und Museum* |
| **ancien,ne** [ɑ̃sjɛ̃, ɑ̃sjɛn] | 1. une église *ancienne:* une église qui est vieille de plusieurs siècles. | (sehr) alt |
| | 2. une *ancienne* église: aujourd'hui, c'est un musée. | ehemalig |
| **décider de faire qc** | Nous voulons prendre le train: nous avons *décidé de* prendre le train. | beschließen, etw. zu tun |
| **seul,e** | Personne n'a accompagné Mireille à la gare: elle y est allée *seule.* | allein |
| **une raison** [rɛzõ] | pourquoi on fait qc/ce qui explique qc | ein Grund |

## Exercices

| | | |
|---|---|---|
| **une information** [ɛ̃fɔrmasjõ] | un renseignement | eine Information |

*Les noms des Länder de la République fédérale d'Allemagne*

| | | | |
|---|---|---|---|
| **le Bade-Wurtemberg** [badvyrtɑ̃bɛr] | Baden-Württemberg | **la Rhénanie-du-Nord-Westphalie** [vɛsfali] (en …) | Nordrhein-Westfalen |
| J'habite dans le Bade-Wurtemberg. | Ich wohne in Baden-Württemberg. | **la Sarre** [sar] (en …) | das Saarland |
| **la Basse-Saxe** [bassaks] (en …) | Niedersachsen | **la Saxe** [saks] (en …) | Sachsen |
| **la Bavière** [bavjɛr] (en …) | Bayern | **la Saxe-Anhalt** [saksanalt] (en …) | Sachsen-Anhalt |
| **le Brandebourg** [brɑ̃dbur] (dans le …) | Brandenburg | **le Schleswig-Holstein** (dans le …) | Schleswig-Holstein |
| **la Hesse** [laɛs] (en …) | Hessen | **la Thuringe** [tyrɛ̃ʒ] (en …) | Thüringen |
| **le Mecklembourg-Poméranie occidentale** [mɛklɑ̃burpɔmerani-ɔksidɑ̃tal] (dans le …) | Mecklenburg-Vorpommern | **Brême** [brɛm] | Bremen |
| | | **Hambourg** [ɑ̃bur] | Hamburg |
| | | **Berlin** [bɛrlɛ̃] | Berlin |
| **la Rhénanie-Palatinat** [renanipalatina] (en …) | Rheinland-Pfalz | J'habite dans le Land de/à Brême, Hambourg, Berlin. | |

# Leçon 5

## Boum

| | | |
|---|---|---|
| **une boum** [bum] *(fam)* | | ° eine Party/Fete *(ugs)* |
| **Boum** | le nom d'une revue de jeunes | *hier:* Name einer Jugendzeitschrift |

| | | |
|---|---|---|
| **un jeudi sur deux** | Boum paraît *un jeudi sur deux:* le jeudi, une fois tous les quinze jours. | jeden zweiten Donnerstag |
| **le fric** [frik] *(fam)* | l'argent | das Geld *(ugs)* |
| **un magazine** [magazin] **de jeunes** | une revue de jeunes | ein Jugendmagazin/ eine Jugendzeitschrift |
| **Boum: le magazine des jeunes** | | Boum: Die Zeitschrif der jungen Leute |

## A Horoscope

*Les signes du zodiaque* [zɔdjak] die Sternzeichen

| | | | |
|---|---|---|---|
| **Bélier** *(m)* | Widder | **Balance** *(f)* | Waage |
| **Taureau** *(m)* (*plur:* Taureau**x**) | Stier | **Scorpion** *(m)* [skɔrpjõ] | Skorpion |
| **Gémeaux** *(m, plur)* *On dit:* Je suis Gémeaux. | Zwillinge *(nur bei Sternzeichen)* | **Sagittaire** *(m)* [saʒitɛr] | Schütze |
| **Cancer** *(m)* [kɑ̃sɛr] | Krebs | **Capricorne** *(m)* | Steinbock |
| **Lion** *(m)* | Löwe | **Verseau** *(m)* (*plur:* Verseau**x**) | Wassermann |
| **Vierge** *(f)* [vjɛrʒ] | Jungfrau | **Poissons** *(m, plur)* | Fische |

| | | |
|---|---|---|
| **un horoscope** [ɛ̃nɔrɔskɔp] | Il y a des gens qui croient aux *horoscopes* et d'autres qui n'y croient pas. | ein Horoskop |
| **paresseux, -euse** | une personne *paresseuse:* qui n'aime pas travailler | faul |
| **actif, -ive** | ≠ paresseux, -euse | aktiv |
| **une période** | 15 jours, un mois, un an, ou plus | eine Zeit(spanne)/ Periode |
| **pessimiste** | une personne *pessimiste:* qui voit tout en noir | pessimistisch |
| **le courage** | la qualité des gens qui n'ont pas peur dans les situations dangereuses | der Mut |
| **perdre courage** | | den Mut verlieren |
| **malgré** | Il pleut. Je fais une promenade *malgré* le mauvais temps. | trotz |
| **être de bonne humeur** [ymœr] | Quand Luc se lève, le matin, il chante et il rit: il *est de bonne humeur.* | gute Laune haben/ guter Laune sein |
| **optimiste** | ≠ pessimiste | optimistisch |
| **à la fois** | Je lis et j'écoute la radio: je fais deux choses *à la fois.* | gleichzeitig/auf einm |
| **le début** [deby] | Je passerai te voir *au début de* la semaine: lundi ou mardi. | der Anfang/Beginn |
| **un passe-temps, des passe-temps** | ce qui sert à passer le temps agréablement | ein Zeitvertreib/ Hobby, Hobbies |
| **égoïste** [egɔist] | Jacques ne pense qu'à lui: il est très *égoïste.* | egoistisch |
| **à cause de** | Je n'ai pas pu sortir parce qu'il pleuvait: *à cause du* mauvais temps. | wegen |
| **changer d'avis** | *J'ai changé d'avis:* je ne pars pas, je reste. | seine Meinung änder |
| **la fin** | ≠ le début | das Ende/der Schluß |
| **difficile** | ≠ facile | schwierig |

| | | |
|---|---|---|
| **durer** | En France, les cours *durent* 50 ou 55 minutes. | dauern |
| **à partir de** | Les vacances commencent demain: nous sommes en vacances *à partir de* demain. | ab/von ... ab |
| **sérieux, -euse** [serjø,-øz] | une personne *sérieuse:* qui n'aime pas s'amuser | ernst |
| **prendre qc au sérieux** | penser que qc est très sérieux | etw. ernst nehmen |
| **de nouveau** | Il a retrouvé sa bonne humeur: il est *de nouveau* de bonne humeur. | wieder/von neuem |
| **un résultat** [rezylta] | Mon frère connaît *les résultats* de tous les matchs. | ein Resultat/Ergebnis |
| **romantique** | Anne aime rêver: elle est *romantique.* | romantisch |
| **une connaissance** | qn qu'on connaît | ein Bekannter/ eine Bekannte |
| **faire la connaissance de qn** | J'ai connu Nicole à Paris: *j'ai fait sa connaissance* à Paris. | die Bekanntschaft von jdm. machen |
| **un risque** | un danger | ein Risiko |
| **courir le risque de...** | courir le danger de ... | Gefahr laufen, ... zu ... |

## Boîte aux lettres

| | | |
|---|---|---|
| **à propos de** | | über/bezüglich |
| ° **une enquête** [ɑ̃kɛt] | | ° eine Umfrage/Untersuchung |
| **dont** [dɔ̃] | Le magazine a fait une enquête. Les résultats de cette enquête sont très intéressants: le magazine a fait une enquête *dont* les résultats sont très intéressants. | wovon/dessen/deren<br>deren Ergebnisse |
| ° **publier qc** | | ° etw. veröffentlichen |
| **dépenser de l'argent pour qc/pour faire qc** | employer de l'argent pour qc/pour faire qc | Geld für etw. ausgeben/dafür ausgeben, etw. zu tun |
| **A quoi dépensez-vous votre argent?** | *(In der gesprochenen Sprache wird «pour quoi» wegen der Verwechslungsgefahr mit «pourquoi» ‚warum' vermieden.)* | Wofür gebt ihr euer/ geben Sie Ihr Geld aus? |
| **cinquante pour cent des Français** | 50 % des Français: un Français sur deux | 50 % der Franzosen |
| **l'argent de poche** | | das Taschengeld |
| **en général** | le plus souvent | im allgemeinen/meist |
| **les loisirs** *(m, plur)* | 1. le temps libre<br>2. les activités qu'on a pendant son temps libre | die Freizeit<br>die Freizeitbeschäftigungen |
| **un extrait** [ɛkstrɛ] | une partie (d'une lettre, d'un texte, etc.) | ein Auszug |
| **un lecteur, une lectrice** | qn qui lit | ein Leser, eine Leserin |
| **Vous n'avez qu'à regarder...** | | Sie brauchen sich nur ... anzuschauen. |
| **riche** [riʃ] | une personne *riche:* qui a beaucoup d'argent | reich |
| **Thierry** [tjɛri] | un prénom de garçon | Thierry |
| **généreux, -euse** | une personne *généreuse:* qui aime donner | großzügig |
| **avoir besoin de qc/qn** | Il me faut de l'argent: j'ai *besoin d'argent.* | etw./jdn. brauchen/ nötig haben |

| | | |
|---|---|---|
| **faire des économies** *(f)* | ne pas dépenser tout son argent | sparen |
| **Lucien** [lysjɛ̃] | un prénom de garçon | Lucien |
| **un truc** [tryk] *(fam)* | une chose | ein Ding/eine Sache ( |
| **se débrouiller** [debruje] | 1. trouver une solution à tous les problèmes qui se posent<br>2. pouvoir vivre assez bien avec peu d'argent | sich zu helfen wissen<br>über die Runden kommen |
| **Jean-Paul** | un prénom de garçon | Jean-Paul |
| **gagner** | 1. gagner de l'argent<br>2. gagner un match | verdienen *(Geld)*<br>gewinnen |
| **Patrick** | un prénom de garçon | Patrick |
| **suivre qc/qn** | *je suis, nous suivons, ils suivent, j'ai suivi;*<br>J'ai fait comme mon grand frère: *j'ai suivi* son exemple. | einer Sache/jdn. folgen |
| ° **un job** [dʒɔb] *(fam)* | | ° ein Job *(ugs)* |
| **sur** | Dans ma classe, *sur* 30 élèves, il y a 20 filles. | von (30 Schülern sind…) |
| ° **la carte orange** | | ° *Wochen- oder Monatskarte für die öffentlichen Verkehrsmittel in Paris* |
| **punir qn** | *je punis, nous punissons, ils punissent; j'ai puni;*<br>Anne a fait des bêtises en classe: le professeur l'*a punie.* | jdn. bestrafen |
| **réduire l'argent de poche de qn** | *je réduis, nous réduisons, ils réduisent; j'ai réduit;*<br>donner moins d'argent de poche à qn | jdm. das Taschengeld kürzen |
| **consommer** | → la consommation | konsumieren/verbrauchen |
| **un/une adulte** | une grande personne/qn qui a plus de 18 ans | ein(e) Erwachsene(r) |
| **le bonheur** [bɔnœr] | l'état de qn qui est heureux | das Glück *(Gefühl)* |
| **Nanterre** [nɑ̃tɛr] | une ville qui est située près de Paris | Nanterre |
| **pauvre** | ≠ riche | arm |
| **un produit** | une chose qu'on a fabriquée | ein Produkt/Erzeugn |
| **un produit de beauté** | un produit qu'on emploie pour être plus beau | ein Kosmetikum |
| **Je ne sais plus quoi faire.** | Je ne vois pas de solution possible à mes problèmes. | Ich weiß nicht mehr, was ich machen so |
| **Nicolas** [nikɔla] | un prénom de garçon | Nicolas |
| **Bobigny** [bɔbiɲi] | une ville qui se trouve près de Paris | Bobigny |

## Exercices

| | | |
|---|---|---|
| A 1 **régulièrement** | (*adv. de:* régulier, -ière) ≠ jamais, de temps en temps | regelmäßig *(adv)* |
| 2 **le caractère** | Ma petite sœur a *un caractère* difficile. | der Charakter |
| **un trait de caractère** | par exemple: être pessimiste ou être optimiste | ein Charakterzug |
| 3 **d'après** | *d'après* ce texte | nach/gemäß/laut |
| 4 **Danielle** | un prénom de fille | Danielle |
| **Duverne** | un nom de famille | Duverne |
| ° **un astéroïde** [asterɔid] | | ° ein Asteroid *(kleiner Planet)* |
| ° **un robot** [rɔbo] | | ° ein Roboter |
| **un maître, une maîtresse** | Le chien suit *son maître.* | ein Herr/Gebieter, eine Herrin |

| | | |
|---|---|---|
| **l'huile** *(f)* [lɥil] | Il n'y a plus assez d'*huile* dans le moteur. | das Öl |
| **l'avenir** *(m)* **de qn/qc** | ce que qn fera plus tard/comment qc sera plus tard | die Zukunft von … |
| ° **un voyant, une voyante** | | ° ein Hellseher, eine Hellseherin |
| **un instrument** [ɛ̃strymɑ̃] | un objet qui sert à faire qc | ein Instrument/Mittel |

*Le masculin et le féminin des noms de personnes*

● *un/une + nom*

| | | | |
|---|---|---|---|
| **un/une adulte** | ein(e) Erwachsene(r) | **un/une élève** | ein(e) Schüler(in) |
| **un/une Belge** | ein(e) Belgier(in) | **un/une enfant** | ein Kind |
| **un/une camarade** | ein(e) Kamerad(in) | **un/une journaliste** | ein(e) Journalist(in) |
| **un/une concierge** | ein(e) Hausmeister(in) | **un/une secrétaire** | ein(e) Sekretär(in) |
| **un/une dentiste** | ein(e) Zahnarzt, -ärztin | **un/une touriste** | ein(e) Tourist(in) |

● *un + nom*

| | | | |
|---|---|---|---|
| **un maire** | ein(e) Bürgermeister(in) | **un peintre** | ein(e) Maler(in) |
| **un médecin** | ein Arzt/eine Ärztin | **un professeur** | ein(e) Lehrer(in) |

*Attention: On peut dire* une prof *(fam);* une femme professeur, une femme peintre, une femme médecin, une femme maire.
Je vous présente Madame le Maire.

● *Autres*

| | | | |
|---|---|---|---|
| **un, une …** | ein, eine … | **clochard,e** | Stadtstreicher(in) |
| | | **Espagnol,e** | Spanier(in) |
| **pêcheur, -euse** | Fischer(in) | **ami,e** | Freund(in) |
| **vendeur, -euse** | Verkäufer(in) | **employé,e** | Angestellte(r) |
| **voleur, -euse** | Dieb(in) | **invité,e** | Gast *(m/f)* |
| **voyageur, -euse** | Reisende(r) | | |
| **animateur, -trice** | Betreuer(in) | **boulanger, -ère** | Bäcker(in) |
| **inspecteur, -trice** | Inspektor(in) | **épicier, -ière** | Lebensmittelhändler(in) |
| **lecteur, -trice** | Leser(in) | **ouvrier, -ière** | Arbeiter(in) |
| **moniteur, -trice** | Betreuer(in) | **Autrichien,ne** | Österreicher(in) |
| **Anglais,e** | Engländer(in) | **Européen,ne** | Europäer(in) |
| **Français,e** | Franzose, Französin | **Italien,ne** | Italiener(in) |
| **Hollandais,e** | Holländer(in) | **Breton,ne** | Bretone, Bretonin |
| **Luxembourgeois,e** | Luxemburger(in) | **patron,ne** | Chef(in) |
| **Portugais,e** | Portugiese, Portugiesin | **paysan,ne** | Bauer, Bäuerin |
| **correspondant,e** | Brieffreund(in) | **copain, -ine** | Kamerad(in) |
| **participant,e** | Teilnehmer(in) | **cousin, -ine** | Cousin, Kusine |
| **client,e** | Kunde, Kundin | **voisin, -ine** | Nachbar(in) |
| **président,e** | Präsident(in) | **duc, duchesse** | Herzog(in) |
| **Allemand,e** | Deutsche(r) | **roi, reine** | König(in) |
| **marchand,e** | Händler(in) | **docteur, doctoresse** | Doktor(in) |
| **Normand,e** | Normanne/Normannin | **maître, maîtresse** | Herr(in) |

# Leçon 6

## A Le système scolaire français

| | | |
|---|---|---|
| **un système** [sistɛm] | | ein System |
| **scolaire** [skɔlɛr] | → l'école | Schul-/schulisch |
| **un système scolaire** | Tu peux me parler *du système scolaire* français? | ein Schulsystem |
| **maternel,le** | → la mère | Mutter-/mütterlich |
| **l'école maternelle** *(f)* | C'est comme le «Kindergarten» allemand, mais les élèves y apprennent un peu à lire et à écrire. | der Vorschulunterricht/Kindergarten |
| **au moins** | Pour faire ce travail, il faut *au moins* trois heures. | mindestens/wenigstens |
| **élémentaire** [elemɑ̃tɛr] | | elementar/grundlegend |
| **l'école élémentaire** *(f)* | l'école où vont les enfants qui ont de 6 à 11 ans | die Grundschule |
| **l'enseignement** *(m)* [lɑ̃sɛɲmɑ̃] | l'action de donner des cours/des leçons | der Unterricht |
| **l'enseignement élémentaire** | Tous les enfants ont cinq ans d'*enseignement élémentaire.* | der Grundschulunterricht |
| **la terminale** | la dernière classe du lycée | *die Abschlußklasse des «lycée»* |
| **le baccalauréat** [bakalɔrea] | Le lycée prépare *au baccalauréat.* | das Abitur |
| **le bac** [bak] *(fam)* | | das Abi *(ugs)* |
| **différent,e** | 1. A cette fête, j'ai rencontré *différentes* personnes que je connaissais: plusieurs personnes. | verschiedene/mehrer |
| | 2. Le système scolaire français est *différent du* système scolaire allemand: il est autre que le système allemand. | anders als/abweichend von/unterschiedlich |
| **un type** [tip] | En Allemagne, il y a différents *types* d'écoles pour les élèves de 11 à 15 ans. | ein Typ/eine Sorte/Art |
| **un lycéen** [liseɛ̃], **une lycéenne** [liseɛn] | un garçon/une fille qui va au lycée | ein Oberstufenschüle eine Oberstufenschülerin |
| **un examen** [ɛgzamɛ̃] | Le baccalauréat est *un examen.* | eine Prüfung/ein Exa |
| **passer un examen** | Les lycéens *passent* le baccalauréat à la fin de la terminale. | eine Prüfung machen ablegen |
| **être bon/bonne en qc** | Sylvie a de bonnes notes en allemand: elle *est bonne en* allemand. | in etw. gut sein |
| **les mathématiques** *(f, plur)* | Le nouveau professeur de *mathématiques* est très sympathique. | die Mathematik |
| **les maths** [mat] *(fam)* | | Mathe *(ugs)* |
| **l'université** *(f)* | Après le baccalauréat, on va à *l'université.* | die Universität |
| **professionnel,le** | qui se rapporte à un métier | Berufs-/beruflich |
| **le Lycée d'Enseignement Professionnel/le L.E.P.** [ɛləpe] | un lycée où les élèves apprennent un métier | *Schule, die eine abgeschlossene Beruf ausbildung vermittel* |
| **un mécanicien, une mécanicienne** | qn dont le métier est de réparer des machines, des moteurs, etc. | ein Mechaniker, eine Mechanikerin |

| | | |
|---|---|---|
| **un boucher** [buʃe], **une bouchère** [buʃɛr] | qn qui vend de la viande | ein Metzger/Fleischer, eine Metzgerin/ Fleischerin |
| **général,e** [ʒeneral] (*plur:* généraux, générales) | → en général | Allgemein-/allgemein |
| **l'enseignement général** *(m)* | Le L.E.P. donne *un enseignement général* et un enseignement professionnel. | der allgemeinbildende Unterricht |
| **l'apprentissage** *(m)* | l'action d'apprendre un métier | die Lehre |
| **une entreprise** | Une usine ou un magasin sont *des entreprises.* | ein Unternehmen/ eine Firma |
| **le salaire** [salɛr] | l'argent qu'on reçoit chaque mois quand on travaille | der Lohn/das Gehalt |

## Exercices

| | | |
|---|---|---|
| **correspondre à qc** | La classe de 3$^{e}$, en France, *correspond* à la neuvième classe, en Allemagne. | einer Sache entsprechen |

## Le Foyer Social du Raincy

| | | |
|---|---|---|
| **social,e** (*plur:* sociaux, sociales) | | Sozial-/sozial |
| ° **un Foyer Social** | | ° eine Begegnungsstätte *(soziale Einrichtung)* |
| **Le Raincy** | une ville qui est située près de Paris | Le Raincy |
| ° **le terminus** [tɛrminys] | | ° die Endstation |
| **une boucherie** | → un boucher, une bouchère | eine Metzgerei/ Fleischerei, *die alle Fleischsorten, jedoch nur einige Wurstwaren führt* |
| **une charcuterie** [ʃarkytri] | | eine Metzgerei/ Fleischerei, *die nur Schweinefleisch sowie Wurstwaren führt* |
| **une épicerie** | → un épicier, une épicière | ein Lebensmittelgeschäft |
| **la province** [prɔvɛ̃s] | En France, il y a Paris et *la province.* La Provence [prɔvɑ̃s] est *une* ancienne *province.* | die Provinz |
| **la banlieue** | toutes les petites villes qui se trouvent près d'une grande ville/Le Raincy est dans *la banlieue* parisienne. | die Vororte/der Vorstadtbereich |
| **ainsi** | donc/c'est pourquoi | so/auf diese Weise/ folglich |
| ° **une permanence** | | ° eine ständige Sprechstunde |
| **parler de choses et d'autres** | parler de différentes choses | über dies und das reden |
| **Louis Pasteur** | un biologiste français très connu (1822–1895) | Louis Pasteur |
| **prochain, -aine** | Nous sommes en mars: le mois *prochain,* c'est avril. | nächster, -e, -es |

| | | |
|---|---|---|
| **l'année scolaire** *(f)* | en France: la période qui va du mois de septembre, début de l'école, au mois de juillet, début des grandes vacances | das Schuljahr |
| Je voudrais **être** journaliste. | Je voudrais devenir journaliste. | Ich möchte Journalist werden. |
| **Didier** | un prénom de garçon | Didier |
| **une place d'apprentissage** | dans une entreprise: une place où on peut apprendre un métier | eine Lehrstelle/ein Ausbildungsplatz |
| **Muriel** [myrjɛl] | un prénom de fille | Muriel |
| **privé,e** | Le journaliste s'intéresse à la vie *privée* de la reine. | privat |
| **une école privée** | | eine Privatschule |
| **les études** *(f, plur)* | ce qu'on fait à l'université | das Studium |
| **faire des études d'allemand** | Véronique *fait des études d'allemand* à l'université de Strasbourg. | Deutsch studieren |
| **la biologie** | Muriel est très bonne en *biologie.* | die Biologie |
| **Albert Schweitzer** [albɛrʃvɛtsɛr] | un médecin français très connu (1875–1965) | Albert Schweitzer |
| ° **le tarot** [taro] | | ° das „tarot"-Spiel; *in Frankreich sehr beliebtes Kartenspiel* |
| **une agence de voyages** [aʒɑ̃s] | une entreprise qui prépare et vend des voyages | ein Reisebüro |
| **Terrier** [tɛrje] | un nom de famille | Terrier |
| ° **le Père Durand** | | ° Pater/Pfarrer Durand |
| ° **un prêtre** | | ° ein Priester |
| **catholique** | Le Père Durand est un prêtre *catholique.* | katholisch |
| ° **un aumônier** | | ° *Geistlicher, der die Schüler einer bestimmten Schule betreut* |
| **un étudiant, une étudiante** | qn qui fait des études à l'université | ein Student, eine Studentin |
| ° **un assistant, une assistante** | | ° ein Assistent, eine Assistentin |
| ° **un assistant d'allemand** | | ° *deutscher Student, der an einer frz. Schule Deutsch unterrichtet* |

## C Une soirée au Foyer

| | | |
|---|---|---|
| **impossible** | ≠ possible | unmöglich |
| ° **un trimestre** | | ° ein Trimester *(eine Zeit von drei Monaten)* |
| **une note** [nɔt] | En France, 20 est la meilleure *note* et 0 (= zéro [zero]) la plus mauvaise. | eine Note |
| **un bulletin** [byltɛ̃] | une feuille où les professeurs écrivent les notes que l'élève a eues pendant le trimestre | ein Schulzeugnis |
| **décevoir qn** | *je déçois, nous décevons, ils déçoivent; j'ai déçu* mes parents; maintenant, ils *sont déçus.* | jdn. enttäuschen |

| | | |
|---|---|---|
| ° **l'orthographe** *(f)* [lɔrtɔgraf] | | ° die Rechtschreibung/ Orthographie |
| ° **le carnet de correspondance** | | ° *Heft, in das Mitteilungen der Lehrer an die Eltern eingetragen werden* |
| ° **venir en retenue** *(f)* | | ° nachsitzen |
| **sévère** | Le professeur de français est très *sévère:* tous les élèves ont peur de lui. | streng |
| **reconnaître qc** | Je n'ai pas beaucoup travaillé, ce trimestre; c'est vrai, je le *reconnais.* | *hier:* etw. zugeben |
| ° **C'est pas pour rien que...** *(fam)* | Ce n'est pas pour rien que... | ° Es ist nicht ohne Grund/umsonst, daß... *(ugs)* |
| **une voix** [vwa] | Quand qn parle, on entend *sa voix.* | eine Stimme |
| **l'ambiance** *(f)* | ce qui fait qu'on se sent bien ou mal là où on est | die Stimmung/ Atmosphäre |
| **C'est pour ça que...** | C'est pour cette raison que... | Deshalb... |
| **une école libre** | une école privée | eine Privatschule |
| **réussir** [reysir] | *je réussis, nous réussissons, ils réussissent; j'ai réussi;* | |
| | 1. *J'ai réussi* à ouvrir la porte: j'y suis arrivé(e). | Es gelingt mir, ... |
| | 2. Anne *a réussi* son bac: elle a eu son bac. | (eine Prüfung) bestehen |
| | 3. Ce jeune homme *a réussi:* il a un bon métier, il gagne beaucoup d'argent. | Erfolg haben/es (im Leben) zu etw. bringen |
| **à tout prix** | Jean-Marc voulait *à tout prix* aller au Havre. | unbedingt/um jeden Preis |
| **un bureau,** des bureau**x** | J'aimerais travailler dans *un bureau.* | ein Büro, Büros |
| **Tu parles!** *(fam)* | – Je vais m'acheter une voiture.<br>– *Tu parles!* Tu ne sais pas conduire! | So siehst du aus!/ Hör bloß auf! *(ugs)* |
| ° **un prétentieux** [pretɑ̃sjø], **une prétentieuse** | | ° eine eingebildete Person |
| **s'en aller** | *je m'en vais, tu t'en vas, il s'en va, nous nous en allons, vous vous en allez, ils s'en vont; je m'en suis allé(e); Va-t'en! Allez-vous-en!;* partir | weggehen |
| **taper** | donner un coup | klopfen, schlagen |
| ° **Tu me tapes sur le système!** *(fam)* | | ° Du fällst mir auf den Wecker! *(ugs)* |
| **un souci** | Didier a des problèmes. Il est inquiet: il a *des soucis*/il se fait *du souci.* | eine Sorge |
| ° **mon Père** | | ° Pater/Herr Pfarrer *(Anrede eines katholischen Geistlichen)* |
| **un étudiant, une étudiante en français** | qn qui fait des études de français | ein Französischstudent, eine Französischstudentin |
| **une différence** [diferɑ̃s] | → différent | ein Unterschied |
| **avoir la vie facile** | M. Le Goffic ne gagne pas beaucoup d'argent: *il n'a pas la vie facile.* | ein leichtes Leben haben |

| | | | |
|---|---|---|---|
| | **l'été** *(m)* | Les grandes vacances, c'est *en été*. | der Sommer |
| | **demi,e** | 1. une *demi*-heure<br>2. deux heures et *demie*<br>3. deux mois et *demi* | eine halbe Stunde<br>zweieinhalb Stunden<br>zweieinhalb Monate |
| | ° **la permanence** | | ° *spezieller Klassenraum, in dem die Schüler be Freistunden beaufsich werden, bzw. in den sie zur Strafe geschickt werden könn* |
| | ° **un surveillant** [syrvɛjɑ̃], **une surveillante** | | ° ein Aufseher, eine Aufseherin *(verantwortlich für die Disziplin außerhalb Unterrichts; kein Leh* |
| | **une interrogation écrite** | un devoir qu'on fait en classe et dont le résultat est très important pour le bulletin | eine Klassenarbeit |
| | **A la prochaine!** | A la prochaine fois! | Bis zum nächsten Mal! |

## Exercices

| | | | |
|---|---|---|---|
| 2 | **un charcutier, une charcutière** | → une charcuterie | ein Metzger/Fleischer eine Metzgerin/ Fleischerin |
| 4 | **une matière** | Le français est *une matière* scolaire. | ein Schulfach |
| 8 | **la religion** [rəliʒjõ] | | die Religion |
| | **une école d'Etat** | ≠ une école privée | eine staatliche Schule |

*Quelques particularités grammaticales du français familier –*
Einige grammatische Besonderheiten des umgangssprachlichen Französisch

| **Français familier** | **Français standard** |
|---|---|
| – Die Auslassung des *ne:* | |
| J'ai plus rien fait en français. | Je **n**'ai plus rien fait en français. |
| On ferait rien. | On **ne** ferait rien. |
| C'est pas pour rien qu'elle est à «Jeanne-d'Arc». | Ce **n**'est pas pour rien qu'elle est à «Jeanne-d'Arc». |
| – Die Auslassung des *il* bei *il faut:* | |
| Faut bien le reconnaître. | **Il** faut bien le reconnaître. |
| – Die Auslassung des *u* von *tu* vor Vokal: | |
| T'es comme Jeanne d'Arc. | **Tu e**s comme Jeanne d'Arc. |
| Toi aussi, t'entends des voix. | Toi aussi, **tu e**ntends des voix. |

# Leçon 7

## La Louisiane

**1. Au nom du roi**

| | | |
|---|---|---|
| **la Louisiane** [lwizjan] | un des Etats des U.S.A. | Louisiana |
| **La Nouvelle-Orléans** [nuvɛlɔrleɑ̃] | une ville située en Louisiane | New Orleans |
| ° **l'honneur** *(m)* | | ° die Ehre |
| ° **en l'honneur de** | | ° zu Ehren von |
| **Louis XIV** | Il a été roi de France de 1643 à 1715. | Ludwig XIV. |
| **prendre pied** | Les Normands *ont pris pied* en Angleterre après 1066. | Fuß fassen |
| **tous** [tus]/**toutes** [tut] | – Tu connais tous les pays/toutes les villes d'Europe?<br>– Non, je ne les connais pas *tous/toutes.* | alle *(als Pronomen)* |
| **avancer** | 1. Quand on marche vite, on *avance* vite. | vorwärtsgehen/kommen |
| | 2. *avancer* dans un pays: aller loin dans un pays | vordringen |
| **un Indien** [ɛ̃djɛ̃], **une Indienne** [ɛ̃djɛn] | Avant l'arrivée des Blancs, *les Indiens* vivaient en paix. | ein Indianer, eine Indianerin |
| **une colonie** | un pays qui n'est pas libre, qui appartient à un autre pays | eine Kolonie |
| **la Nouvelle-France** | une colonie française qui se trouvait au Canada | Neufrankreich |
| **autour de** | 1. Il y a un mur *autour de* cette ferme.<br>2. Je vais partir en vacances *autour du* 1er juillet. | um ... herum *(örtlich und zeitlich)* |
| **Québec** [kebɛk] | une ville située au Canada | Quebec |
| **la ville de Québec** | la ville qui s'appelle «Québec» | die Stadt Quebec |
| **le printemps** | *Au printemps,* il fait moins froid qu'en hiver. | der Frühling |
| ° **un gouverneur** [guvɛrnœr] | | ° ein Gouverneur |
| **Louis de Frontenac** | un des gouverneurs de la Nouvelle-France (né en 1620, mort en 1698) | Louis de Frontenac |
| **Robert Cavelier de La Salle** | un voyageur français né à Rouen (1643–1687) | Robert Cavelier de La Salle |
| **celui-ci, celle-ci; ceux-ci, celles-ci** | *pronom qui remplace* ce/cet/cette/ces + nom | dieser, diese, dieses; diese *(als Pronomen)* |
| **un projet** [prɔʒɛ] | qc qu'on veut faire | ein Plan/Vorhaben |
| ° **une expédition** [ɛkspedisjɔ̃] | | ° eine Expedition |
| **important,e** | une expédition *importante:* une grande expédition | wichtig/bedeutend |
| **l'exploration** *(f)* *(d'une région)* | l'action d'aller dans une région peu connue, pour l'étudier | die Erforschung *(einer Gegend)* |
| **un fleuve** | Le Rhin est *un fleuve.* | ein Fluß/Strom |
| **le Mississippi** | le fleuve le plus long d'Amérique du Nord | der Mississippi |
| **jeter** [ʒəte] | *je jette, nous jetons, ils jettent; j'ai jeté;* | |
| | 1. lancer, envoyer | werfen |
| | 2. ce qu'on fait de qc dont on n'a plus besoin | wegwerfen |
| **se jeter** | Un fleuve *se jette* dans la mer: il finit dans la mer. | münden |
| ° **le golfe du Mexique** | | ° der Golf von Mexiko |
| ° **une embouchure** [ɑ̃buʃyr] | | ° eine Mündung |
| ° **commercial,e** | | ° kaufmännisch/Handels- |

| | | |
|---|---|---|
| ° **une route commerciale** | | ° ein Handelsweg |
| **un ordre** | L'agent de police donne *l'ordre* au voleur de s'arrêter. | ein Befehl |
| **explorer** *(une région)* | faire l'exploration d'une région | *(eine Gegend)* erforsch |
| **le St-Laurent** | un grand fleuve du Canada | der St.-Lorenz-Strom |
| **un lac** [lak] | Genève est situé au bord *d'un lac.* | ein See |
| **les Grands Lacs** | cinq lacs situés entre le Canada et les Etats-Unis | die Großen Seen |

**2. En route vers l'inconnu**

| | | |
|---|---|---|
| **inconnu,e** | ≠ connu,e | unbekannt |
| **l'inconnu** *(m)*, **l'inconnue** *(f)* | qn/qc qu'on ne connaît pas | der, das, die Unbekannte |
| **transporter** | Les routiers *transportent,* p. ex., des machines. | befördern/transportieren |
| **le matériel** [materjɛl] | tout ce dont on a besoin pour faire, p. ex., une expédition | das Material |
| **le lac Ontario** | un des Grands Lacs | der Ontariosee |
| **un poste** | un endroit où on a mis des soldats, p. ex. pour contrôler une région | eine Stellung/ein Posten |
| **traverser** [travɛrse] | Quand on *traverse* la rue, il faut faire attention aux voitures. | durch-/überqueren |
| **un endroit** | Le château se trouvait à *cet endroit:* il était là, à cette place. | ein Ort/Platz/eine Stelle |
| **Chicago** [ʃikago] | une ville située dans le nord des Etats-Unis | Chicago |
| **à travers** | Nous marchons *à travers* la forêt: nous traversons la forêt. | durch (... hindurch) |
| **l'Illinois** *(m)* [lilinwa] | un fleuve qui se jette dans le Mississippi | der Illinois |
| ° **un canoë** [kanɔe] | | ° ein Kanu |
| **la chaleur** | 1. → chaud,e | die Wärme |
| | 2. Yann a reçu Walter avec beaucoup de *chaleur.* | die Herzlichkeit |
| **une maladie** | → malade | eine Krankheit |
| **Henri de Tonti** | le meilleur ami de La Salle | Henri de Tonti |
| **le fer** [fɛr] | Pour faire les voies où les trains roulent, on prend *du fer.* | das Eisen |
| ° **une main de fer** | | ° eine Eisenhand |

**3. Une situation dangereuse**

| | | |
|---|---|---|
| ° **les Illinois** | des Indiens qui portaient le nom du fleuve Illinois | ° die Illinois |
| ° **une tribu** | | ° ein (Volks)Stamm |
| **considérer comme** | regarder comme, tenir pour | betrachten als |
| **un ennemi, une ennemie** [ɛnmi] | ≠ un ami, une amie | ein Feind, eine Feindin |
| **la peau** [po] | On dit que *la peau* des Indiens est rouge. | die Haut |
| ° **un/une Peau Rouge, des Peaux Rouges** | | ° eine Rothaut, Rothäute |
| **le silence** [silɑ̃s] | ≠ le bruit | die Stille/das Schweigen |
| **menaçant,e** | qui montre qu'on veut faire peur aux autres | drohend |
| **le chef** | celui qui, dans un groupe, donne des ordres aux autres | der Chef; *hier:* der Häuptling |
| **Nacanapah** [nakanapa] | le chef de la tribu des Illinois | Nacanapah |
| **la permission** | J'ai le droit de sortir, le soir: mes parents m'ont donné *la permission* de sortir. | die Erlaubnis |
| **demander à qn la permission de faire qc** | J'*ai demandé à* ma mère *la permission de* prendre sa mobylette. | jdn. um die Erlaubnis bitten, etw. zu tun |

| | | |
|---|---|---|
| **se chauffer** | se mettre près du feu pour avoir plus chaud | sich wärmen |
| **saluer qn** | dire bonjour à qn | jdn. (be)grüßen |
| **un peuple** [pœpl] | *le peuple* francais: tous les Français | ein Volk |
| **se taire** | *je me tais, nous nous taisons, ils se taisent; je me suis tu(e);* ≠ parler, dire qc | schweigen/ verstummen |
| **mentir (à qn)** | *je mens, nous mentons, ils mentent; j'ai menti;* Ce que tu as dit à Nicole n'était pas vrai: tu lui *as menti.* | lügen/jdn. belügen |
| ° **un espion** [ɛspjõ], **une espionne** [ɛspjɔn] | | ° ein Spion, eine Spionin |
| **le malheur** | → malheureux, -euse | das Unglück |
| **le sang** [sɑ̃] | Après son accident, le routier est mort: il avait perdu trop de *sang.* | das Blut |
| **couler** | Pendant une guerre, beaucoup de sang *coule.* | fließen |
| **dépendre de** | Pierre gagne de l'argent. Il ne *dépend* plus de ses parents. | abhängen von |
| **une flamme** [flam] | Un feu de bois fait de belles *flammes.* | eine Flamme |
| **a-t-il dit** | «Je n'ai plus froid», *a-t-il dit.* Il a dit: «Je n'ai plus froid.» | ... hat er gesagt. |
| **un cri** | → crier | ein Schrei |
| **pousser** | 1. Ma moto ne marchait plus: j'ai dû la *pousser.* | schieben |
| | 2. Quand Annick a vu le voleur, elle a *poussé* un cri. | (einen Schrei) ausstoßen |
| **un éclair** [eklɛr] | Il ne faut pas se mettre sous un arbre quand il y a *des éclairs.* | ein Blitz |
| **brûler** | 1. La forêt *brûle:* on voit de grandes flammes. | brennen |
| | 2. Le feu *a brûlé* une partie de la forêt. | verbrennen |
| **fort,e** | Tu arrives à porter cette table? Tu es *fort,* dis donc! | stark |
| ° **le calumet de la paix** | | ° die Friedenspfeife |

**4. Le golfe du Mexique**

| | | |
|---|---|---|
| ° **un fort** | | ° ein Fort |
| ° **les Iroquois** [lezirɔkwa] | une tribu indienne | ° die Irokesen |
| ° **le courant** | | ° die Strömung |
| **faible** [fɛbl] | ≠ fort,e | schwach |
| ° **une dune** [dyn] | | ° eine Düne |
| **réaliser qc** | La Salle a exploré le Mississippi: il a *réalisé* son projet. | etw. verwirklichen |
| **une possession** | ce que qn a, ce qui appartient à qn | ein Besitz |
| **prendre possession d'une région** | s'installer dans une région et dire: «Maintenant, elle m'appartient.» | von einer Gegend Besitz ergreifen |

**5. Les Français en Louisiane**

| | | |
|---|---|---|
| **une capitale** | Paris est *la capitale* de la France. | eine Hauptstadt |
| **fonder une ville** | commencer à construire une ville | eine Stadt gründen |
| **Napoléon** | Napoléon Bonaparte (1769–1821) | Napoleon |
| **une minorité** | un groupe moins nombreux qu'un autre | eine Minderheit |
| **par contre** | Claire a beaucoup de cassettes. Noëlle, *par contre,* en a très peu. | dagegen/hingegen |

## Exercices

| | | |
|---|---|---|
| **une saison** | Le printemps est *une saison.* | eine Jahreszeit |

| | | |
|---|---|---|
| **l'automne** *(m)* [lotɔn] | la saison qui se trouve entre l'été et l'hiver | der Herbst |
| ° **un signe du zodiaque** [zɔdjak] | | ° ein Sternzeichen |
| 5 **Montréal** [mõreal] | une ville située au Canada | Montreal |
| ° **francophone** [frɑ̃kɔfɔn] | | ° französischsprechend<br>französischsprachi |
| **le monde** [mõd] | New York est une des plus grandes villes *du monde.* | die Welt |
| **un guide** [gid] | qn qui montre, p. ex. une ville, à des touristes | ein Fremdenführer |
| **un habitant,<br>une habitante** | → habiter | ein Ein-/Bewohner,<br>eine Ein-/Bewohne<br>rin |
| **officiel,le** [ɔfisjɛl] | Quelles sont les deux langues *officielles* du Canada? | offiziell/Amts- |
| **Jacques Cartier** | un voyageur français né à St-Malo (1491–1557) | Jacques Cartier |
| **indépendant,e** | Le Canada ne dépend pas d'un autre pays: il est *indépendant.* | unabhängig |
| **une chute** [ʃyt] | les *chutes* du Niagara sont hautes de 47 mètrès. | ein Wasserfall |
| **Ottawa** [ɔtawa] | la capitale du Canada | Ottawa |
| 6 ° **Sire** | | ° Majestät *(Anrede)* |

● *Les saisons*

| | | | |
|---|---|---|---|
| **le printemps** | der Frühling | **l'automne** *(m)* | der Herbst |
| **au** printemps | im Frühling | **en** automne | im Herbst |
| **l'été** *(m)* | der Sommer | **l'hiver** *(m)* | der Winter |
| **en** été | im Sommer | **en** hiver | im Winter |

● *Les mois de l'année*

| | | | |
|---|---|---|---|
| **janvier** | Januar | **juin** | Juni |
| au mois de/en janvier | im (Monat) Januar | **juillet** | Juli |
| | | **août** | August |
| **février** | Februar | **septembre** | September |
| **mars** | März | **octobre** | Oktober |
| **avril** | April | **novembre** | November |
| **mai** | Mai | **décembre** | Dezember |

● *Les fêtes*

| | | | |
|---|---|---|---|
| **Pâques** *(f)* | Ostern | **la Saint-Sylvestre** | Sylvester |
| Joyeuses Pâques! | Fröhliche Ostern! | **le Nouvel An** | Neujahr |
| **la Pentecôte** | Pfingsten | Je te souhaite une bonne et heureuse année. | Ich wünsche dir ein gutes und glückliches neues Jahr. |
| **la Fête Nationale (le 14-Juillet)** | der Nationalfeiertag (der 14. Juli) | | |
| **la Toussaint** | Allerheiligen | Mes meilleurs vœux pour la nouvelle année! | Meine besten Wünsche zum neuen Jahr! |
| **Noël** *(m)* | Weihnachten | | |
| Joyeux Noël! | Fröhliche Weihnachten! | | |

# Leçon 8

## La guerre du feu

| | | |
|---|---|---|
| **la guerre du feu** | la guerre contre le feu | der Krieg gegen das Feuer |
| **un reportage** [rəpɔrtaʒ] | un article où un journaliste raconte ce qu'il a vu | eine Reportage |
| **un reporter** [rəpɔrtɛr] | un/une journaliste | ein(e) Reporter(in) |
| **Crozet** [krɔzɛ] | un nom de famille | Crozet |
| **lutter contre qn/qc** | faire la guerre à qn/qc | gegen jdn./etw. kämpfen/jdn./etw. bekämpfen |
| **le ciel** [sjɛl] | Quand il fait beau, *le ciel* est bleu. | der Himmel |
| **le soleil** [sɔlɛj] | En été, *le soleil* est très chaud. | die Sonne |
| **briller** [brije] | Le soleil *brille.* | scheinen |
| **atteindre** [atɛ̃dr] | *j'atteins, nous atteignons, ils atteignent; j'ai atteint;* Pascal n'a pas le téléphone: on ne peut pas l'*atteindre* par téléphone. | erreichen |
| **un degré** [dəgre] | La température atteint 30 *degrés.* | ein Grad |
| **un parfum** [parfɛ̃] | qc qui est agréable à sentir | ein Duft |
| **lourd,e** | ≠ léger, -ère | schwer |
| ° **un pin** [pɛ̃] | | ° eine Kiefer/Pinie |
| ° **une cigale** [sigal] | | ° eine Zikade/Zirpe |
| **craindre qn/qc** | avoir peur de qn/qc | jdn./etw. fürchten |
| **lentement** | (*adv. de:* lent,e) ≠ vite | langsam |
| **Sartène, Porto-Vecchio** [pɔrtovɛkjo] | deux villes situées dans le sud de la Corse | Sartène, Porto-Vecchio |
| **la Montagne de Cagna** [kaɲa] | une montagne qui se trouve entre Sartène et Porto-Vecchio | das Cagnagebirge |
| **Rossi, Laurent** | des noms de famille | Rossi, Laurent |
| **Martin** [martɛ̃] | un prénom de garçon | Martin |
| **un pompier** [pɔ̃pje] | un homme qui lutte contre le feu | ein Feuerwehrmann |
| **surveiller qn/qc** | Un inspecteur *surveillait* l'entrée de la maison. | jdn./etw. überwachen |
| **se plaindre de qn/qc** | ne pas être content de qn/qc | sich über jdn./etw. beklagen |
| **grave** | Tu t'es fait mal? Ce n'est pas *grave,* j'espère. | schlimm/(folgen)-schwer |
| ° **un incendie** | | ° ein Brand/Feuer |
| **prévoir qc** | (*Attention au futur:* je prévoirai) penser que qc va arriver | etw. vorhersagen/-sehen |
| **le haut de** | le point le plus haut de | die Höhe/der Gipfel von |
| **fantastique** [fɑ̃tastik] | très beau, formidable | phantastisch |
| ° **des jumelles** *(f, plur)* | | ° ein Fernglas |
| **la fumée** | Quand il y a un feu de forêt, on voit beaucoup de *fumée.* | der Rauch |
| **signaler qc à qn** | dire à qn qu'on a vu qc | jdm. etw. melden |
| ° **par radio** | | ° über Funk |
| **un/une collègue** | Jacques Rossi et Martin Laurent sont *collègues.* | ein Kollege/eine Kollegin |
| **éteindre qc** | Les pompiers éteignent les incendies. | löschen/auslöschen/-machen/-schalten |

| | | |
|---|---|---|
| **complètement** | (*adv. de:* complet,-ète) entièrement | vollständig/ganz |

## Exercices

| | | |
|---|---|---|
| 2 **un fumeur, une fumeuse** | qn qui fume des cigarettes ou des cigares | ein Raucher, eine Raucherin |
| **un compartiment «non fumeurs»** | un compartiment où on ne doit pas fumer | ein Nichtraucherabte |
| **un contrôleur, une contrôleuse** | qn qui contrôle les billets, p. ex. dans le train | ein Kontrolleur, eine Kontrolleurin |
| **respecter qc** | 1. Quand le feu est rouge, il faut attendre: il faut *respecter* les feux. | etw. beachten |
| | 2. Il faut *respecter* la forêt. | etw. respektieren/ auf etw. Rücksicht nehmen |
| ° **un phare** [far] | | ° ein Scheinwerfer |
| **un panneau,** des panneau**x** | Au bord de la route, on trouve *des panneaux* qui disent ce qu'il faut faire et ce qu'il ne faut pas faire. | ein Hinweisschild, Hinweisschilder |

## B La guerre du feu (suite)

| | | |
|---|---|---|
| **une suite** | → suivre | eine Fortsetzung |
| **Ajaccio** [aʒaksjo] | une ville située en Corse | Ajaccio |
| **la lutte** | l'action de lutter | der Kampf |
| **un micro** [mikro] (**un microphone** [mikrɔfɔn]) | Tu as déjà parlé dans *un micro?* | ein Mikro(phon) |
| **la météo** [meteo] | le temps qu'il fait ou qu'il va faire | der Wetterbericht |
| **la force** | → fort,e | die Stärke |
| ° **un commandant** | | ° ein Kommandant/ Major |
| **Battesti** | un nom de famille | Battesti |
| **avant-hier** [avɑ̃tjɛr] | le jour avant hier | vorgestern |
| **reprendre** | recommencer | *hier:* wiederanfangen |
| **C'est que …** | C'est parce que … | Das liegt daran, daß |
| **Vignalella** [viɲalɛla] | un village situé dans la Montagne de Cagna | Vignalella |
| **en finir avec qc** | Je veux arriver à éteindre ce feu: je veux *en finir avec* lui. | einer Sache ein Ende machen |
| **une catastrophe** | une situation très grave, très dangereuse | eine Katastrophe |
| **constant,e** | qui ne s'arrête jamais | ständig |
| **éviter qc** | empêcher que qc se passe | etw. vermeiden |
| **un vol** | Un avion qui va d'un endroit à un autre fait *un vol.* | ein Flug |
| **une tonne** [tɔn] | 1 000 kilos | eine Tonne |
| ° **un Canadair** | | ° ein Canadair *(Flugzeugtyp)* |
| **directement** | (*adv. de:* direct,e) Le reporter s'est adressé *directement* au commandant. | direkt/unmittelbar (a |
| **un pilote** [pilɔt] | qn qui conduit un avion | ein Pilot/eine Pilotin |
| **toucher qn/qc** | entrer en contact avec qn/qc | jdn./etw. berühren |
| **une seconde** [səgɔ̃d] | Dans une minute, il y a 60 *secondes.* | eine Sekunde |

## Exercices

| | | |
|---|---|---|
| **un flipper** [flipœr] | | ° ein Flipper(automat) |
| **ouvrir l'œil** | | ° wachsam sein/gut aufpassen |

## La guerre du feu (suite et fin)

| | | |
|---|---|---|
| **une masse** [mas] | *une masse* de feu: beaucoup de flammes | eine Masse |
| **exploser** | Le moteur de la voiture a pris feu: il a *explosé*. | explodieren/platzen |
| **gigantesque** [ʒigɑ̃tɛsk] | très grand/énorme | gigantisch/riesig |
| **aussitôt** | tout de suite après | sofort/sogleich |
| **la nature** | Il faut respecter *la nature*. | die Natur |
| **le visage** [vizaʒ] | Cette fille a *un* très joli *visage*. | das Gesicht |
| **la sueur** [sɥœr] | ce qui coule sur le visage quand on a trop chaud | der Schweiß |
| **la cendre** | | ° die Asche |
| **cependant** | mais/quand même | jedoch/dennoch |
| **constamment** | (*adv. de:* constant,e) | ständig *(adv)* |
| **une bombe** [bɔ̃b] | Cette nuit, *une bombe* a explosé devant la mairie. | eine Bombe |
| **gentiment** | (*adv. de:* gentil,le) | nett *(adv)* |
| **la cause de qc** | Quelle est *la cause de* ce feu de forêt?: pourquoi est-ce qu'il y a eu ce feu de forêt? | die Ursache von etw. |
| **énormément** | (*adv. de:* énorme) | enorm *(adv)* |
| **un criminel, une criminelle** | Un voleur est *un criminel.* | ein Verbrecher, eine Verbrecherin |
| **pour que** | Le commandant veut que la police ferme le chemin: il téléphone à la police *pour qu'*elle ferme le chemin. | damit *(als Konjunktion)* |
| **évidemment** [evidamɑ̃] | (*adv. de:* évident,e) bien sûr | natürlich/selbstverständlich |
| **le maquis** | | ° die Macchia *(dichtes Gebüsch, typisch für die Mittelmeerländer)* |
| **un berger** [bɛrʒe], **une bergère** [bɛrʒɛr] | Nous avons vu *un berger* qui gardait ses animaux. | ein Schäfer, eine Schäferin |
| **un pâturage** [patyraʒ] | | ° eine Weide |
| **se joindre à qn** | se mettre avec qn | sich jdm. anschließen |
| **imprudemment** [ɛ̃prydamɑ̃] | (*adv. de:* imprudent,e) sans réfléchir au résultat de ce qu'on fait | unvorsichtiger-/leichtsinnigerweise |
| **bien que** | Je sors *bien qu'* il pleuve: il pleut, et cependant, je sors. | obwohl |
| **partout** [partu] | à tous les endroits | überall |
| **interdire qc à qn/ à qn de faire qc** | Dans un compartiment «non fumeurs»; il est *interdit* de fumer. | jdm. etw. verbieten/ jdm. verbieten, etw. zu tun |
| **un hectare** [ɛ̃nektar] | | ° ein Hektar (10 000 $m^2$) |

## Exercices

| | | |
|---|---|---|
| **Yvonne** [ivɔn] | un prénom de fille | Yvonne |
| **une affiche** [afiʃ] | ce qu'on met contre un mur pour apprendre qc aux gens | ein Plakat |

| | | | |
|---|---|---|---|
| | **une règle** | Je ne connais pas *les règles* du football. | eine Regel |
| | **un/une Corse** | qn qui vient de Corse | ein Korse, eine Korsin |
| | **corse** | Le vin *corse* est un produit très connu. | korsisch |
| | °**des déchets** *(m, plur)* [deʃɛ] | | °Abfälle |
| | °**une barrière** [barjɛr] | | °ein Gatter/eine Schranke |
| 3 | **la beauté** | → beau, bel, belle | die Schönheit |
| | °**un menhir** [menir] | | °ein Menhir/Hinkelste |
| | °**un dolmen** [dɔlmɛn] | | °ein Dolmen *(keltisches Steingrab,* |
| | **Bonifacio** [bɔnifasjɔ] | des villes situées en Corse | Bonifacio |
| | **Corte** [kɔrte] | des villes situées en Corse | Corte |
| 4 | **Calvi** [kalvi] | des villes situées en Corse | Calvi |
| 5 | **Gênes** [ʒɛn] | une ville située en Italie | Genua |
| | **la liberté** | → libre | die Freiheit |
| 7 | **Bastia** [bastja] | une ville qui se trouve en Corse | Bastia |

*Eléments pour la discussion de la page 73 (Comment exprimer son avis)*

- C'est interdit.
  Tu ne devrais pas faire ça, parce que …
  Tu n'as pas le droit de faire ça.
  A ta place, je ne le ferais pas.

- Ça m'est égal.
  Je sais que c'est interdit, mais …
  Ce n'est pas si dangereux que ça.
  Ça ne me fait pas peur.

- Moi, je pense/trouve/crois que …
  A mon avis, …/Pour moi, …

- Oui,/Oui, c'est vrai/exact/sûr.
  C'est ça.
  (Entièrement) d'accord/de ton avis.
  Je suis d'accord avec toi/avec ce que tu dis.
  Tu as raison.
  Je trouve aussi.

- Tu as peut-être raison, mais …
  C'est (bien) possible, mais …
  Je ne suis pas (entièrement) d'accord/ complètement de ton avis.

- Non./Ah non!/Oh non!
  Mais non, voyons!
  Non, pas du tout/ce n'est pas vrai.
  Non, je ne trouve/pense/crois pas.
  Pas d'accord!
  Je ne suis pas (du tout) d'accord avec toi/avec ce que tu dis.
  Je ne suis (absolument) pas de ton avis.
  Penses-tu!/Qu'est-ce que tu racontes?/ Ne raconte pas d'histoires.
  Tu te trompes (complètement).

- Si./Mais si./Bien sûr que si!

- C'est vrai?/Tu crois?/Tu trouves?
  Je ne suis pas sûr(e).
  Ah bon?

# ‹Chansons et poèmes›

| | |
|---|---|
| **Madeleine** [madlɛn] | *weibl. Vorname* |
| **le lilas** [lila] | der Flieder |
| **le tram** [tram] | die Straßenbahn |
| **Eugène** [øʒɛn] | *männl. Vorname (hier: Name eines Restaurants)* |
| **tant** | so sehr |
| **mon** Amérique **à moi** | mein *(betont)* Amerika |
| **même que** | sogar |
| **Joël** [ʒɔɛl] | *männl. Vorname* |
| **l'horizon** [lɔrizõ] *(m)* | der Horizont |
| **Gaston** | *männl. Vorname* |
| **l'espoir** [lɛspwar] *(m)* | die Hoffnung |
| **C'est fichu** [fiʃy] **pour ...** *(fam)* | Mit ... ist nichts mehr. *(ugs)* |
| **Elle est pourtant ...** | Und doch ist sie ... |
| **Tant pis** [pi] **si ...** | Es macht nichts, daß ... |
| **Jacques Brel** [ʒakbrɛl] | *belgischer Komponist, Texter, Sänger (1929 bis 1978)* |
| **le cœur** [kør] | das Herz |
| **doucement** [dusmɑ̃] | sanft *(adv)* |
| **Arthur Rimbaud** [artyrrɛ̃bo] | *frz. Dichter (1854 bis 1891)* |
| **la langueur** [lɑ̃gœr] | das Sehnen/die Wehmut |
| **pénétrer** | ein-/durchdringen |
| **doux** [du], **douce** [dus] | sanft/süß |
| **la pluie** [plɥi] | der Regen |
| **un chant** | ein Gesang |
| **s'écœurer** [sekœre] | sich (selbst) anekeln |
| **nul,le** | kein, keine/keinerlei |
| **la trahison** [traizõ] | der Verrat/die Untreue |
| **le deuil** [dœj] | die Trauer |
| **la pire peine** | das ärgste Leid/der schlimmste Schmerz |
| **la haine** [ɛn] | der Haß |
| **Paul Verlaine** [pɔlvɛrlɛn] | *frz. Dichter (1844 bis 1896), enger Freund Arthur Rimbauds* |
| **Nantes** [nɑ̃t] | *Stadt an der Mündung der Loire* |
| **un bal** | ein Ball/eine Tanzveranstaltung |

| | |
|---|---|
| **Hélène** [elɛn] | *weibl. Vorname* |
| **ne ... point** [nə ... pwɛ̃] | keineswegs |
| **doré,e** | golden/vergoldet |
| **Hélas!** [elas] | Leider!/O weh! |
| **une robe** | ein Kleid |
| **Elle fit ...** | Sie machte ... |
| **un tour** | *hier:* eine Drehung |
| **se défoncer** | *hier:* einstürzen |
| **Me laisseras-tu noyer** [nwaje]? | Wirst du mich ertrinken lassen? |
| **retirer qn** | jdn. herausziehen |
| **une cloche** [klɔʃ] | eine Glocke |
| **... se mirent à ...** [səmirta] | ... begannen zu ... |
| **Qu'a-t-on à tant sonner?** | Was gibt es soviel zu läuten? |
| **aîné,e** [ene] | ältester, älteste |
| **le sort** [sɔr] | das Schicksal/das Los |
| **obstiné,e** | *hier:* dickköpfig |
| **Guy Béart** [gibear] | *frz. Komponist, Texter, Sänger* |
| **stationner** [stasjɔne] | parken |
| **embouteiller** [ɑ̃buteje] | (die Straßen) verstopfen |
| **pétarader** | knattern |
| **se faufiler** [səfofile] | sich hindurchschlängeln |
| **un transistor** | ein Transistorradio |
| **la publicité** | die Reklame/Werbung |
| **le béton** | der Beton |
| **embétonner** [ɑ̃betɔne] | *hier:* zu-/einbetonieren *(Wortschöpfung des Autors)* |
| **les néons** *(m)* | die Neonröhren/das Neonlicht |
| **illuminer** | erleuchten |
| **grimper** [grɛ̃pe] | klettern; *hier:* schnell nach oben gelangen |
| **présider** | präsidieren/den Vorsitz führen |
| **une montre** | eine Armbanduhr |
| **il suffit de faire qc** | es genügt/man braucht nur, etw. zu tun |
| **un oiseau** [ɛ̃nwazo], des oiseau**x** | ein Vogel, Vögel |
| **la cime** | der Wipfel |

# Annexe

Die Wörter und Wendungen des *Annexe* sind fakultativ. Sie werden weder in den jeweils folgenden Lektionen des obligatorischen Teils noch des *Annexe* als bekannt vorausgesetzt.

## Annexe Leçon 2

### Jeanne d'Arc

| | |
|---|---|
| **un royaume** [rwajom] | ein Königreich |
| **obéir à qn** [ɔbeir] j'obéis, nous obéissons | jdm. gehorchen |
| **la Bourgogne** [burgɔɲ] | Burgund |
| **la guerre de Cent Ans** | der Hundertjährige Krieg (1337–1453) |
| **au début de** | zu Beginn von |
| **occuper** | *hier:* besetzen/ besetzt halten |
| **la mort** | der Tod |
| **Charles VI** | *frz. König von 1380 bis 1422* |
| **couronner** | krönen |
| **Charles VII** | *frz. König von 1422 bis 1461* |
| **une cérémonie** | eine Zeremonie |
| **un Bourguignon, une Bourguignonne** | ein Burgunder, eine Burgunderin |
| **Domrémy** [dõremi] | *Geburtsort der Jeanne d'Arc* |
| **la Lorraine** | Lothringen |
| **le ciel** [sjɛl] | der Himmel |
| **une voix** [vwa] | eine Stimme |
| **libérer** | befreien |
| **la Touraine** | *die Gegend um Tours* |
| **Chinon** | *Stadt in der Touraine* |
| **difficile** [difisil] | schwierig |
| **un/une noble** | ein Adliger, eine Adlige |
| **directement** | *hier:* geradewegs *(adv)* |
| **Dieu** [djø] | Gott |
| **reconnaître** | (wieder)erkennen |
| **le courage** | der Mut |
| **une cathédrale** | eine Kathedrale |
| **un militaire** | ein Militär; *hier:* ein hoher Offizier |
| **être jaloux, -se de** | eifersüchtig/neidisch sein auf |
| **le succès** [syksɛ] | der Erfolg |
| **une sorcière** | eine Hexe |
| **marcher sur une ville** | auf eine Stadt zumarschieren |
| **Compiègne** [kõpjɛɲ] | *Stadt nord-östlich von Paris* |
| **un procès** [prɔsɛ] | ein Prozeß |
| **condamner qn** [kõdane] | jdn. verurteilen |
| **une flamme** | eine Flamme |
| **un ordre** | ein Befehl |
| **un saint, une sainte** | ein Heiliger, eine Heilige |
| **un Lorrain, une Lorraine** | ein Lothringer, eine Lothringerin |
| **un symbole** [sɛ̃bɔl] | ein Symbol |
| **une nation** [nasjõ] | eine Nation |
| **une statue** [staty] | eine Statue/ein Standbild |
| **un cheval,** des chevau**x** | ein Pferd, Pferde |
| **durer** | dauern |

### Compréhension orale

| | |
|---|---|
| **suivre qn** | jdm. folgen |
| **un guide** [gid] | ein (Fremden)Führer |
| **si épais** | so dick/massiv |
| **la restauration** [rɛstɔrasjõ] | die Wiederherstellung/ Restaurierung |
| **un baron, une baronne** | ein Baron, eine Baronin |
| **être en ruine** *(f)* | verfallen sein |
| **être en exil** [ɛgzil] *(m)* | sich im Exil befinden |
| **Louis XIV** [lwikatɔrz] | *frz. König von 1643 bis 1715* |
| **un parc** | ein Park |
| **les toilettes** *(f, plur)* | die Toilette |
| **s'adresser à qn** | sich an jdn. wenden |

# Annexe Leçon 3

## Une tempête

| | |
|---|---|
| **une tempête** | ein Sturm |
| **un druide** [drɥid] | ein Druide *(keltischer Priester)* |
| **Astérix, Obélix, Panoramix** | *frz. Comicfiguren; (Die Handlung spielt in Gallien zur Zeit Caesars.)* |
| **une potion magique** | ein Zaubertrank |
| **livrer** | liefern |
| **gaulois,e** | gallisch |
| **une grève** | ein Streik |
| **être en grève** | sich im Streik befinden |
| **jeter** [ʒəte]<br>je jette,<br>nous jetons | (aus-/weg-)werfen |
| **A vos ordres!** *(m)* | Zu Befehl! |
| **un capitaine** [kapitɛn] | ein Kapitän |
| **récupérer qc**<br>je récupère,<br>nous récupérons | *hier:* etw. wieder einholen |
| **tirer** | *hier:* ziehen |
| **Tu n'as qu'à tirer dessus.** | *hier:* Du brauchst nur daran zu ziehen. |
| **Mais puisque** [pɥiskə] **je l'ai jeté!** | *hier:* Aber wo ich es doch weggeworfen habe! |
| **attacher** | anbinden/befestigen |
| **un livreur, une livreuse** | ein Lieferant, eine Lieferantin |
| **le calme** | die Ruhe |
| **Du calme!** | Keine Aufregung! |
| **Nous en serons quittes pour ...** | Es wird uns wohl nichts anderes übrigbleiben, als ... |
| **fort,e** | stark |
| **impossible** | unmöglich |
| **faire demi-tour** | umkehren/kehrtmachen |
| **Je n'ai pas de leçons à recevoir ...** | Ich brauche ... keine Belehrungen anzunehmen. |

## Compréhension orale

| | |
|---|---|
| **interviewer** [ɛ̃tɛrvjuve] | interviewen |
| **Loctudy** [lɔktydi] | *bretonische Hafenstadt* |
| **une qualité** [kalite] | eine Eigenschaft |
| **le courage** [kuraʒ] | der Mut |
| **le gas-oil** [gazwal] | der Dieselkraftstoff |

## Révision de grammaire 1

| | | |
|---|---|---|
| 1 | **les Etats-Unis** *(m)* [lezetazyni] | die Vereinigten Staaten |
| | **La Nouvelle-Orléans** | New Orleans |
| | **Montréal** [mɔ̃real] | Montreal |
| 2 | **Alain Delon** [dəlɔ̃] | *frz. Filmschauspieler* |
| | **un snack** [snak] | eine Imbißstube |

# Annexe Leçon 4

## La pétanque

| | |
|---|---|
| **la pétanque** [petɑ̃k] | *in Südfrankreich entstandene Variante des Boulespiels* |
| **pratiquer un sport** | eine Sportart betreiben |
| **un jeu,** des jeux | ein Spiel, Spiele |
| **une règle** | eine Regel |
| **Marius** [marjys]<br>**César** [sezar] | *typische südfrz. Charaktere, die aus Theaterstücken Marcel Pagnols (1895–1974) bekannt sind* |
| **un joueur, une joueuse** | ein Spieler, eine Spielerin |
| **le cochonnet** [kɔʃɔnɛ] | *beim Boulespiel: kleine hölzerne Zielkugel* |
| **placer** | plazieren |
| **pointer** [pwɛ̃te] | *beim Boulespiel: die Zielkugel anspielen* |
| **tirer** | schießen; *beim Boulespiel: die Kugel des Mitspielers anspielen, um sie wegzustoßen* |
| **c'est-à-dire que ...** [sɛtadir] | das heißt, daß ... |

| | |
|---|---|
| **la force** | die Kraft |
| **frapper** | schlagen/klopfen; *hier:* treffen |
| **un/une adversaire** [advɛrsɛr] | ein Gegner, eine Gegnerin |
| **éloigner qc de** [elwaɲe] | etw. entfernen von |
| **reprendre** | *beim Boulespiel: wieder in Führung gehen* |
| **sinon** *(conj)* | wenn nicht/andernfalls |
| **compter** [kõte] | zählen |
| **gagner** | *hier:* gewinnen |
| **un gagnant, une gagnante** | ein Gewinner, eine Gewinnerin |
| **faire partie de** | gehören zu |
| **une coutume** | ein Brauch/eine Sitte/Gewohnheit |
| **un/une riche** | ein Reicher, eine Reiche |
| **un/une pauvre** | ein Armer, eine Arme |
| **partout** | überall |
| **l'été** *(m)* | der Sommer |
| **une soirée d'été** | ein Sommerabend |
| **un commentaire** | ein Kommentar |
| **la Canebière** [kanbjɛr] | *bekannte Straße in Marseille* |

## Compréhension orale

| | |
|---|---|
| **avoir lieu** | stattfinden |
| **un stade** | ein Stadion/Sportplatz |
| **le Parc des Princes** [parkdeprɛ̃s] | das Prinzenparkstadion *(großes Stadion in Paris)* |
| **une mi-temps** | eine Halbzeit |
| **la mi-temps** | die Halbzeitpause |
| **le but** [by] | das Tor |
| **le gardien de but** [gardjɛ̃dby] | der Torwart |
| **l'arbitre** *(m)* | der Schiedsrichter |
| **marquer (un but)** | ein Tor schießen |
| **siffler** | pfeifen |
| **une faute** | *hier:* ein Foul |
| **un supporter** [sypɔrtɛr] | ein Anhänger/Fan |
| **le score** [skɔr] | der Spielstand |
| **l'égalité** *(f)* | die Gleichheit |
| **être à égalité** | unentschieden stehen |
| **un entraîneur** | ein(e) Trainer(in) |
| **un reporter** [rəpɔrtɛr] | ein Reporter, eine Reporterin |
| **un reportage** [rəpɔrtaʒ] | eine Reportage |
| **Girard, Jacquin** [ʒakɛ̃] | *frz. Familiennamen* |
| **Mancini** [mɑ̃sini], **Baratello, Roncalli, Bertollucci** [bɛrtɔlutʃi] | *italienische Familiennamen* |
| **une tribune** [tribyn] | eine Tribüne |

# Annexe Leçon 5

## Compréhension orale

| | |
|---|---|
| **une prévision** | eine Vorhersage |
| **météorologique** [meteɔrɔlɔʒik] | meteorologisch/Wetter- |
| **une prévision météorologique** | eine Wettervorhersage |
| **la météorologie** | die Meteorologie |
| **Le Figaro** | *große frz. Tageszeitung* |
| **le ciel** [sjɛl] | der Himmel |
| **clair,e** | klar |
| **un nuage** [nɥaʒ] | eine Wolke |
| **nuageux,-euse** | wolkig/bewölkt |
| **variable** [varjabl] | veränderlich |
| **la pluie** [plɥi] | der Regen |
| **une averse** | ein Schauer |
| **le verglas** [vɛrgla] | das Glatteis |
| **un degré** | ein Grad |
| **un orage** | ein Gewitter |
| **faible** [fɛbl] | schwach |
| **modéré,e** | mäßig |
| **fort,e** | stark |
| **une tempête** | ein Sturm |
| **souffler** | blasen/wehen |
| **un bulletin météo** [byltɛ̃meteo] | ein Wetterbericht |
| **écouter la météo** | den Wetterbericht hören |
| **Chaboud** [ʃabu] | *Familienname* |
| **annoncer** | ankündigen |
| **normal,e** | normal |
| **une saison** | eine Jahreszeit |
| **le Massif central** | das Zentralmassiv |
| **Albert** [albɛr] | *männl. Vorname* |

| | |
|---|---|
| **Simon** [simõ] | *Familienname* |
| **un skieur, une skieuse** [skjœr, skjøz] | ein Skifahrer, eine Skifahrerin |
| **Europe I** | *frz. Rundfunkstation* |

## S'exprimer autrement

| | |
|---|---|
| **s'exprimer** | sich ausdrücken |
| **autrement** | anders/auf andere Weise |
| **un geste** [ʒɛst] | eine Geste/Gebärde |
| **une mimique** [mimik] | eine Mimik/ein Mienenspiel |
| **frapper** | schlagen |
| **un bras** [bra] | ein Arm |
| **un doigt** [dwa] | ein Finger |
| **tendu,e** | gespannt; *hier:* ausgestreckt |
| **l'indifférence** *(f)* | die Gleichgültigkeit |
| **avancer qc** | *hier:* etw. vorschieben |
| **serrer qc** | *hier:* etw. zusammenpressen |
| **une lèvre** | eine Lippe |
| **une épaule** [epol] | eine Schulter |
| **le visage** [vizaʒ] | das Gesicht |
| **blasé,e** | blasiert |
| **un triomphe** [trijõf] | ein Triumph |
| **se frotter qc** | sich etw. reiben |
| **le menton** | das Kinn |
| **le pouce** [pus] | der Daumen |
| **l'index** *(m)* [lɛ̃dɛks] | der Zeigefinger |
| **une joue** | eine Wange |
| **tirer** | *hier:* ziehen |
| **la barbe** | der Bart |
| **la bouche** | der Mund |
| **le cou** | der Hals |
| **une dent** [dɑ̃] | ein Zahn |
| **jeter** [ʒəte] je jette, nous jetons | werfen |
| **la figure** | das Gesicht |
| **le genou** [ʒnu], les genou**x** | das Knie, die Knie |
| **le nez** [ne] | die Nase |
| **le bout** [bu] | die Spitze/das Ende |
| **un ongle** | ein Fingernagel |
| **une oreille** [ɔrɛj] | ein Ohr |
| **la peau** [po] | die Haut |
| **un os** [ɛ̃nɔs], des os [dezo] | ein Knochen, Knochen |
| **le poing** [pwɛ̃] | die Faust |
| **le sang** [sɑ̃] | das Blut |
| **le ventre** | der Bauch |
| **se laver** | sich waschen |
| **le front** [frõ] | die Stirn |
| **le corps** [kɔr] | der Körper |
| **les parties du corps** *(f)* | die Körperteile |
| **la même image** | dasselbe Bild |

## Révision de grammaire 2

| | |
|---|---|
| 1 **l'égalité** *(f)* | die Gleichheit |

### *[Le futur antérieur]*

| | |
|---|---|
| **passer son bac** *(fam)* | sein Abi *(ugs)* machen |
| **l'université** *(f)* | die Universität |

# Annexe Leçon 6

## Un bulletin de 3$^{e}$

| | |
|---|---|
| **la Champagne** | die Champagne |
| **Brochon** | *Dorf bei Dijon* |
| **Gevrey-Chambertin** [ʒəvrɛʃɑ̃bɛrtɛ̃] | *Stadt bei Dijon* |
| **une discipline** | *hier:* ein (Schul)Fach |
| **la composition française** | der französische Aufsatz |
| **la grammaire** | die Grammatik |
| **la lecture expliquée** | die Textinterpretation |
| **la récitation** | das Aufsagen/Vortragen |
| **les langues vivantes** | die lebenden Sprachen |
| **la science** [sjɑ̃s] | die Wissenschaft |
| **les sciences humaines** [sjɑ̃s zymɛn] | die Humanwissenschaften *(umfaßt als Schulfach Geschichte und Geographie)* |

| | |
|---|---|
| **les sciences expérimentales** [sjɑ̃s zɛksperimɑ̃tal] | die experimentellen Wissenschaften *(in der Schule Bezeichnung für die naturwissenschaftlichen Fächer)* |
| **les sciences naturelles** | *neben «la biologie»* Bezeichnung für das Fach «Biologie» |
| **les sciences physiques** [fizik] | Physik und Chemie als Fach |
| **l'éducation** *(f)* | die Erziehung |
| **l'éducation manuelle et technique** [tɛknik] | der Werkunterricht |
| **l'éducation artistique** [artistik] | die musische Erziehung *(Oberbegriff für die Schulfächer Kunst und Musik)* |
| **une évolution** [evɔlysjɔ̃] | eine Entwicklung |
| **favorable** | günstig |
| **satisfaisant,e** | befriedigend |
| **critique** | kritisch |
| **l'évaluation d'ensemble** *(f)* | die Gesamtbewertung |
| **une observation** | eine Beobachtung/ Bemerkung |
| **parfois** | manchmal |
| **les lettres** *(f, plur)* | die Geisteswissenschaften; *hier: Aufsatz und Textinterpretation* |
| **le progrès** [prɔgrɛ] | der Fortschritt |
| **dans l'ensemble** | insgesamt |
| **régulier,-ière** | regelmäßig |
| **irrégulier,-ière** | unregelmäßig |
| **spontané,e** | spontan |
| **l'oral** *(m)* [lɔral] | das Mündliche |
| **l'écrit** *(m)* [lekri] | das Schriftliche |
| **améliorer qc** | etw. verbessern |
| **convenable** | angemessen; *hier:* zufriedenstellend |
| **un effort** [efɔr] | eine Anstrengung |
| **approfondir qc** j'approfondis, nous approfondissons | etw. vertiefen |
| **assidu,e** | fleißig |
| **manquer de qc** | *hier:* es an etw. fehlen lassen |
| **l'obstination** *(f)* | die Hartnäckigkeit |
| **désigner** [deziɲe] | bezeichnen |
| **la moyenne** [mwajɛn] | der Durchschnitt |
| **avoir la moyenne** | *als Note: die Zehn erreicht haben («ausreichend» stehen)* |

## Compréhension orale

| | |
|---|---|
| **Boyer** [bwaje] | *Familienname* |
| **Mayence** [majɑ̃s] | Mainz |
| **Lazare Carnot** [lazarkarno] | *frz. Politiker und Militärfachmann (1753–1823)* |
| **un/une interne** [ɛ̃tɛrn] | *Schüler, der im Interna einer frz. Schule woh* |
| **un/une externe** [ɛkstɛrn] | *Schüler, der nicht im Internat wohnt* |
| **un correspondant/, une correspondante** | *hier: Person, die sich an Stelle der Eltern um einen Internatsschüler kümmert* |

# Annexe Leçon 7

| | |
|---|---|
| **le soleil** [sɔlɛj] | die Sonne |
| **le Roi-Soleil** | der Sonnenkönig |
| **l'architecture** *(f)* | die Architektur |
| **l'organisation** *(f)* | die Organisation/ der Aufbau |
| **un/une noble** | ein Adliger, eine Adli |
| **critiquer** | kritisieren |
| **la politique** | die Politik |

## Louis XIV

| | |
|---|---|
| **un monument** [mɔnymɑ̃] | ein Baudenkmal/ Monument |
| **un parc** [park] | ein Park |
| **être lié,e à** | verbunden sein mit |
| **un symbole** [sɛ̃bɔl] | ein Symbol |
| **la monarchie absolue** | die absolute Monarchie/der Absolutismus |
| **la rigueur** [rigœr] | die Strenge |
| **l'uniformité** *(f)* | die Gleichförmigkeit Einheitlichkeit |
| **un principe** [prɛ̃sip] | ein Prinzip |

| | |
|---|---|
| **sa propre voiture** | sein eigenes Auto |
| **une voiture propre** | ein sauberes Auto |
| **le pouvoir** | die Macht/Gewalt |
| **royal,e** [rwajal] *(plur:)* royau**x**, royale**s** | königlich |
| **l'indépendance** *(f)* | die Unabhängigkeit |
| **immense** [imɑ̃s] | riesig/gewaltig |
| **obliger qn à faire qc** | jdn. zwingen, etw. zu tun |
| **être obligé,e de faire qc** | gezwungen sein, etw. zu tun |
| **un courtisan** | ein Höfling |
| **le vouloir** | der Wille |
| **le bon vouloir** | der gute Wille/ das Wohlwollen |
| **gouverner** [guvɛrne] | regieren |
| **lui-même** | er ... selbst |
| **un ministre** | ein Minister |
| **un bourgeois** [burʒwa], **une bourgeoise** [burʒwaz] | ein Bürgerlicher, eine Bürgerliche |
| **conseiller qn** | jdn. beraten |
| **une décision** [desizjɔ̃] | eine Entscheidung |
| **prendre une décision** | eine Entscheidung treffen |
| **centraliser qc** | etw. zentralisieren |
| **un réseau** [rezo], des réseau**x** | ein (Verkehrs)Netz, Netze |
| **l'étiquette** *(f)* [letikɛt] | die Etikette *(Vorschriften für gesellschaftliche Umgangsformen)* |
| **régler** | regeln |
| **le lever** | das Aufstehen |
| **une cérémonie** | eine Zeremonie |
| **religieux, -euse** | religiös |
| **une centaine de** | etwa hundert ... |
| **une perruque** | eine Perücke |
| **un privilège** [privilɛʒ] | ein Vorrecht/Privileg |
| **la messe** | die Messe/der Gottesdienst |
| **déjeuner** | zu Mittag essen |
| **c'est-à-dire** [sɛtadir] | das heißt |
| **une dizaine de** | etwa zehn ... |
| **la splendeur** | der Glanz |
| **le théâtre** | das Theater |
| **une comédie** [kɔmedi] | eine Komödie |
| **Jean-Baptiste** [batist] **Poquelin** [pɔklɛ̃], *dit* **Molière** [mɔljɛr] | *Autor von Theaterstücken, besonders Komödien, (1622 bis 1673)* |
| **Jean-Baptiste Lulli** [lyli] | *frz. Komponist (1632 bis 1687)* |
| **répandre** | verbreiten |
| **cacher** | verstecken |
| **la misère** [mizɛr] | das Elend/die Not |
| **un impôt** [ɛ̃po] | eine Steuer |
| **une récolte** | eine Ernte |
| **une somme** | eine Summe |
| **un prince** [prɛ̃s], **une princesse** | ein Prinz, *hier:* ein Fürst; eine Prinzessin |
| **voisin** [vwazɛ̃], **voisine** [vwazin] | benachbart/Nachbar- |
| **la Flandre** | Flandern |
| **l'Alsace** *(f)* | das Elsaß |
| **la Lorraine** | Lothringen |
| **la Franche-Comté** [frɑ̃ʃkɔ̃te] | *Region im Osten Frankreichs, Hauptstadt Besançon* |
| **dévaster** | verwüsten/verheeren |
| **un protestant, une protestante** | ein Protestant, eine Protestantin |
| **tolérer** | dulden/tolerieren |
| **la liberté** | die Freiheit |
| **Henri IV** | *frz. König von 1589 bis 1610* |
| **l'Edit de Nantes** *(m)* | das Edikt von Nantes |
| **un huguenot** [ɛ̃ygno], **une huguenote** [ynygnɔt] | ein Hugenotte, eine Hugenottin |
| **émigrer** | auswandern/emigrieren |
| **Soulier** [sulje] | frz. Familiennamen |
| **Lafontaine** [lafɔ̃tɛn] | |
| **les lettres** *(f, plur)* | die Geisteswissenschaften |
| **l'art** *(m)* | die Kunst |
| **les arts** | die bildenden Künste |
| **ruiner** [rɥine] | ruinieren |
| **Louis XV** | *frz. König von 1715 bis 1774* |
| **imiter qn** | *hier:* jdm. nachstreben |
| **imiter qc** | etw. nachahmen/ imitieren |
| **une dépense** | eine Ausgabe |
| **toutefois** | gleichwohl/nichtsdestoweniger |
| **un modèle** | ein Modell |
| **partout** | überall |
| **la noblesse** | der Adel |

payer **cher 3 A** 22,7
parler de **choses** et d'autres **6 B** 47
**chute** *f (Wasserfall)* **7** 61,5
**ci**
ci-joint °**4 A** 27
celui/.../-ci **7** 55
**ciel** *m* **8 A** 64
**cigale** *f*°**8 A** 64
**collègue** *m/f* **8 A** 65
**colonie** *f* **7** 55
**commandant** *m* °**8 B** 67
**commercial,e** °**7** 55
route commerciale *f*°**7** 55
**complet, -ète 8 A** 65
complètement **8 A** 65
**conduire** qc/qn **3 B** 24
**connaissance** *f (Bekannter)* **5 A** 38
faire la connaissance *(Bekanntschaft)* de qn **5 A** 38
**conquête** *f*°**1** 10
**conserverie** *f*°**3 A** 19
**considérer** comme **7** 56
**consommation** *f* **3 A** 20,2
**consommer 5 B** 40
**constant,e 8 B** 67
constamment **8 C** 69
**constater** qc **4 A** 27
**construction** *f* **2 B** 15
**construire** qc **3 A** 19
**contact** *m* **4 A** 27
**contraster 3 A** 18
**contrôleur** *m*/**contrôleuse** *f* **8 A** 66,2
**correspondant** *m*/ **correspondante** *f* **3 A** 22,6
**correspondre** à qc **6 A** 47,1
**corriger** qc **3 B** 26,1
**Corse** *m/f* **8 C** 70,2
corse **8 C** 73,7
**côte** *f* **1** 10
**couler 7** 57
**courage** *m* **5 A** 38
perdre courage **5 A** 38
**courant** *m* °**7** 58
**courir** le risque de **5 A** 38
**craindre** qn/qc **8 A** 64
**cri** *m* **7** 57
**criée** *f*°**3 A** 19
vendre qc à la criée °**3 A** 19
**criminel** *m*/**criminelle** *f* **8 C** 69
**curieusement 2 A** 13

# D

**dans** le nord/l'est/... de **1** 12,4
**d'après 5 A** 42,3
**de**
de nouveau **5 A** 38
de temps en temps **4 B** 31
autant de **3 A** 20,2
plus de **3 A** 18
le moins de **3 A** 20,2
le plus de **3 A** 19
autour de **7** 55
au-dessous de **3 B** 24
au dessus de **3 B** 24
loin de **3 B** 24
à la fin de **5 A** 38
au début de **5 A** 38
à partir de **5 A** 38
à cause de **5 A** 38
à propos de **5 B** 39
en l'honneur de °**7** 55
avoir besoin de qc **5 B** 39
faire de l'allemand **4 B** 33
changer d'avis **5 A** 38
être de bonne humeur **5 A** 38
se tromper de route **4 B** 31
s'approcher de qn/qc **3 B** 24
se plaindre de qn/qc **8 A** 65
prendre possession de qc **7** 58
profiter de qc **3 A** 21,4
remercier qn de qc **4 A** 27
avant de faire qc **3 A** 19
courir le risque de faire qc **5 A** 38
décider de faire qc **4 B** 33
demander à qn la permission de faire qc **7** 57
interdire à qn de faire qc **8 C** 69
oublier de faire qc **2 B** 15
prier qn de faire qc **4 A** 27
**débarquement** *m* **1** 10
le Débarquement °**1** 10
**débarquer 1** 10
se **débrouiller 5 B** 39
**début** *m* **5 A** 38
au début de **5 A** 38
**décevoir** qn **6 C** 49
**décharger 3 A** 19
**déchets** *m, plur* °**8 C** 70,2
**décider** de faire qc **4 B** 33
se **dégager 3 B** 24
**degré** *m* **8 A** 64
**demi,e 6 C** 50
deux mois et demi **6 C** 50
**département** *m* **4 A** 27
route départementale/ Départementale (D) *f* °**4 A** 27
**dépendre** de **7** 57
**dépenser 5 B** 39
dépenser son argent pour qc/ pour faire qc **5 B** 39
**déraper** °**4 B** 32
**devenir 2 A** 13
**différence** *f* **6 C** 50
**différent,e 6 A** 46
**difficile 5 A** 38
**direct,e 8 B** 67
directement **8 B** 67
**dolmen** *m* °**3 A** 23,8; °**8 C** 71,3
**domaine** *m* °**2 A** 13
**dont 5 B** 39
**duc** *m*/**duchesse** *f* **1** 10
**dune** *f*°**7** 58
**durer 5 A** 38

# E

**échange** *m* **3 A** 18
**éclair** *m* **7** 57
**école** *f* **4 A** 28
école de voile **4 A** 28
école d'Etat **6 C** 53,8
école libre **6 C** 49
école maternelle **6 A** 46
école élémentaire **6 A** 46
école privée **6 B** 48
faire des **économies** *f* **5 B** 39
en **effet 4 A** 27
**également 2 A** 13
**église** *f* **1** 10
**égoïste 5 A** 38
**élémentaire 6 A** 46
école élémentaire **6 A** 46
enseignement élémentaire **6 A** 46
**embouchure** *f*°**7** 55
**emmener** qn **3 B** 24
**en**
s'en aller **6 C** 49
en finir avec qc **8 B** 67
être bon/bonne en **6 A** 46
être étudiant/ étudiante en français **6 C** 50
être né(e)/mort(e) en **1** 10
venir en retenue °**6 C** 49
en effet **4 A** 27
en l'honneur de °**7** 55
en général **5 B** 39
en haute mer **3 B** 24
en vélo **1** 10
en automne **7** 59,3
en été **6 C** 50
en hiver **2 B** 15
En route! **4 B** 32
en route pour **4 B** 31
se mettre en route **4 B** 31
(re)mettre qc en marche **4 B** 32
de temps en temps **4 B** 31
**endroit** *m* **7** 56
**ennemi** *m*/**ennemie** *f* **7** 56
**énormément 8 C** 69
**enquête** *f*°**5 B** 39
**enseignement** *m* **6 A** 46
enseignement général **6 A** 46
enseignement élémentaire **6 A** 46
Lycée d'Enseignement Professionnel (L.E.P.) *m* **6 A** 46
**entier, -ière 1** 10
entièrement **1** 10
**entreprise** *f* **6 A** 46

**épicerie** *f* **6 B** 47
**équipe** *f* **4 A** 27
**espérer** que **4 A** 28
**espion** *m*/**espionne** *f* °**7** 57
**est** *m* **1** 10
à l'est de **1** 10
dans l'est de **1** 12,4
**été** *m* **6 C** 50
en été **6 C** 50
**éteindre** qc **8 A** 65
**être**
être né(e)/mort(e) **1** 10
Je voudrais être *(werden)* journaliste. **6 B** 48
**études** *f, plur* **6 B** 48
faire des études de **6 B** 48
**étudiant** *m*/**étudiante** *f* **6 B** 48
être étudiant/étudiante en français **6 C** 50
**évident,e** **8 C** 69
évidemment **8 C** 69
**éviter** qc **8 B** 67
**exact,e** **4 A** 28
exactement **4 A** 28
**examen** *m* **6 A** 46
passer un examen **6 A** 46
**expédition** *f* °**7** 55
**exploration** *f* **7** 55
**explorer** **7** 55
**exploser** **8 C** 69
**expression** *f* **4 A** 28
**extrait** *m* **5 B** 39

## F

**faible** **7** 58
**faire**
faire de l'allemand **4 B** 33
faire des économies **5 B** 39
faire des études de **6 B** 48
se faire mal **4 B** 32
il fait sombre **2 B** 15
Je ne sais plus quoi faire. **5 B** 40
**falaise** *f* °**1** 9
**fantastique** **8 A** 65
**faute** *f* **3 B** 26,1
**fer** *m* **7** 56
main de fer *f* °**7** 56
**filet** *m* **3 B** 24
**fin** *f* **5 A** 38
à la fin de **5 A** 38
en **finir** avec qc **8 B** 67
**flamme** *f* **7** 57
**fleuve** *m* **7** 55
**flipper** *m* °**8 B** 68,2
**fois** *f*
à la fois **5 A** 38
**fonder** une ville **7** 58
**force** *f* **8 B** 67
**fort** *m* °**7** 57
**fort,e** **7** 57
**forteresse** *f* °**2 A** 13
**fortifier** une ville °**3 A** 18
**fossé** *m* °**4 B** 32
**Foyer Social** *m* °**6 B** 47
**francophone** °**7** 60,5
**fric** *m* **5** 37
**fumée** *f* **8 A** 65
**fumeur** *m*/**fumeuse** *f* **8 A** 66,2

## G

**gagner** **5 B** 39
**garage** *m* **4 B** 32
**garder** qc **2 B** 15
**geler** **3 A** 19
**gendarmerie** *f* °**4 B** 31
**général,e** *(plur:* -aux, -ales) **6 A** 46
en général **5 B** 39
enseignement général *m* **6 A** 46
**généreux, -euse** **5 B** 39
**gentiment** **8 C** 69
**gigantesque** **8 C** 69
**glisser** **3 B** 24
**golfe** *m* du Mexique °**7** 55
**gouverneur** *m* °**7** 55
**grave** **8 A** 65
Deuxième **Guerre Mondiale** *f* **1** 10
**guide** *m* **7** 60,5

## H

**habitant** *m*/**habitante** *f* **7** 60,5
**haut,e** **3 B** 24
en haute mer **3 B** 24
haut *m* **8 A** 65
**hectare** *m* °**8 C** 69
**hiver** *m* **2 B** 15
en hiver **2 B** 15
**honneur** *m* °**7** 55
en l'honneur de °**7** 55
**horoscope** *m* **5 A** 38
**Hôtel-Dieu** *m* °**4 B** 33
**huile** *f* **5 A** 42,4
**humeur** *f* **5 A** 38
être de bonne humeur **5 A** 38

## I

**île** *f* **3 A** 18
**Illinois** *m, plur* °**7** 56
**important,e** **7** 55
**impossible** **6 C** 49
**impression** *f* **4 B** 31
avoir l'impression que **4 B** 31
**imprudent,e** **8 C** 69
imprudemment **8 C** 69
**incendie** *m* °**8 A** 65
**inconnu** *m*/**inconnue** *f* **7** 56
inconnu,e **7** 56
**indépendant,e** **7** 61,5
**Indien** *m*/**Indienne** *f* **7** 55
**information** *f* **4 B** 34,1
s'**installer** **2 A** 13
**instrument** *m* **5 B** 44,5
**interdire** qc à qn/à qn de faire qc **8 C** 69
**interrogation écrite** *f* **6 C** 50
**invité** *m*/**invitée** *f* **4 A** 28
**Iroquois** *m, plur* °**7** 57

## J

**Jésus-Christ** **3 A** 23,8
**jeter** **7** 55
se jeter *(münden)* **7** 55
**job** *m* °**5 B** 40
se **joindre** à qn **8 C** 69
ci-joint °**4 A** 27
**journal** *m (Tagebuch)* **1** 10
**jumelé,e** avec **4 A** 27
ville jumelée *f* **4 A** 27
**jumelles** *f, plur* °**8 A** 65

## L

**lac** *m* **7** 55
**latrines** *f, plur* °**2 B** 15
**lecteur** *m*/**lectrice** *f* **5 B** 39
**lent,e** **8 A** 64
lentement **8 A** 64
**liberté** *f* **8 C** 72,5
école **libre** *f* **6 C** 49
**lire** un texte à qn **3 A** 19
**loger** qn/chez qn **4 A** 27
**loin** (de) **3 B** 24
**loisirs** *m, plur* **5 B** 39
**lorsque** **3 A** 19
**lourd,e** **8 A** 64
**lutte** *f* **8 B** 67
**lutter** contre qn/qc **8 A** 64
**lycée** *m* **4 B** 33
Lycée d'Enseignement Professionnel (L.E.P.) *m* **6 A** 46
**lycéen** *m*/**lycéenne** *f* **6 A** 46

## M

**magazine** *m* **5** 37
**main de fer** *f* °**7** 56
**maire** *m* **4 B** 31
**mairie** *f* **4 A** 28
**maître** *m*/**maîtresse** *f* **5 A** 42,4
**mal**
mal de mer *m* **3 B** 24
avoir le mal de mer **3 B** 24
se faire mal **4 B** 32

**maladie** *f* **7** 56
**malgré 5 A** 38
**malheur** *m* **7** 57
**maquereau, -eaux** *m* °**3 A** 19
**maquis** *m* °**8 C** 69
(re)mettre qc en **marche** *f* **4 B** 32
**masse** *f* **8 C** 69
**match** *m* **4 A** 28
**matériel** *m* **7** 56
**maternel,le 6 A** 46
  école maternelle *f* **6 A** 46
**mathématiques** *f, plur* **6 A** 46
  maths *f, plur* **6 A** 46
**matière** *f (Schulfach)* **6 C** 52,4
**mécanicien** *m*/**mécanicienne** *f* **6 A** 46
**même** *(sogar)* **2 A** 13
**menaçant,e 7** 56
**menhir** *m* °**3 A** 23,8; °**8 C** 71,3
**mentir** à qn **7** 57
**mer** *f* **1** 10
  en haute mer **3 B** 24
  avoir le mal de mer **3 B** 24
**merlan** *m* °**3 A** 19
**météo** *f* **8 B** 67
**mettre**
  (re)mettre qc en marche **4 B** 32
  se mettre en route **4 B** 31
**micro**(phone) *m* **8 B** 67
**midi** *m* **1** 12,4
  dans le midi de la France **1** 12,4
cimetière **militaire** *m* °**1** 8
**minorité** *f* **7** 58
**moderniser** qc **3 A** 18
**moins**
  moins de **3 A** 20,2
  moins que **3 A** 20,2
  le moins (de) **3 A** 20,2
  au moins **6 A** 46
**monde** *m* **7** 60,5
**mort** *m*/**morte** *f* **1** 10
**moto**(cyclette) *f* **4 A** 28
**motocycliste** *m/f* °**4 B** 31
**mourir**
  être mort(e) en **1** 10
**Moyen Age** *m* **2 A** 13
  au Moyen Age **2 A** 13

## N

**naître**
  être né(e) en **1** 10
**nature** *f* **8 C** 69
**naturel,le 1** 10
  naturellement **1** 10
**ne**
  ne ... que **4 B** 31
  vous n'avez qu'à faire qc **5 B** 39
  pour ne pas faire qc **3 A** 19
**Noël** *m* **4 A** 29,2
**nombreux,-euse 2 B** 15
**nord** *m* **1** 10
  au nord de **1** 10
  dans le nord de **1** 12,4
**Normand** *m*/**Normande** *f* **1** 10
  normand,e **1** 9
**note** *f* **6 C** 49
de **nouveau 5 A** 38

## O

**officiel,le 7** 60,5
**optimiste 5 A** 38
**ordre** *m* **7** 55
**orthographe** *f* °**6 C** 49
**oublier** de faire qc **2 B** 15
**ouest** *m* **1** 10
  à l'ouest de **1** 10
  dans l'ouest de **1** 12,4

## P

**panneau, -eaux** *m* **8 A** 66,3
**par contre 7** 58
**par radio** °**8 A** 65
**paresseux, -euse 5 A** 38
**parfum** *m (Duft)* **8 A** 64
**parler**
  Tu parles! **6 C** 49
**participant** *m*/**participante** *f* °**4 A** 27
**partir** pour **4 A** 27
à **partir** de **5 A** 38
**partout 8 C** 69
**passe-temps** *m* **5 A** 38
**passer** un examen **6 A** 46
**pâturage** *m* °**8 C** 69
**pauvre 5 B** 40
**payer** cher **3 A** 22,7
**peau** *f* **7** 56
  Peau Rouge *m/f*, Peaux Rouges °**7** 56
**pêche** *f* **3 A** 18
**pêcher 3 A** 23,9
**pêcheur** *m*/**pêcheuse** *f* **3 A** 19
**perdre** courage *m* **5 A** 38
**Père** *m (Pater)* °**6 B** 48
  mon Père *(Anrede)* °**6 C** 50
**période** *f* **5 A** 38
**permanence** *f*
  *(ständige Sprechstunde)* °**6 B** 47
  *(spezieller Klassenraum)* °**6 C** 50
**permission** *f* **7** 57
  demander à qn la permission de faire qc **7** 57
**personnel,le 4 A** 27
**pessimiste 5 A** 38
**peuple** *m* **7** 57
**phare** *m* °**8 A** 66,3
**pilote** *m* **8 B** 67
**pin** *m* °**8 A** 64
**pittoresque 1** 10
**place** d'apprentissage *f* **6 B** 48
**plage** *f* **1** 9
se **plaindre** de qn/qc **8 A** 65
**plaisir** *m* **4 A** 28
**plus**
  plus de **3 A** 18
  plus que **3 A** 18
  le plus (de) **3 A** 19
**point de départ** *m* **1** 10
**polluer 3 B** 24
**pompier** *m* **8 A** 64
**port** *m* **1** 9
**possession** *f* **7** 58
  prendre possession de qc **7** 58
**possibilité** *f* **3 A** 21,4
**poste** *m* **7** 56
**pour**
  pour (ne pas) faire qc **3 A** 19
  pour que **8 C** 69
  50 pour cent **5 B** 39
  en route pour **4 B** 31
  dépenser son argent pour qc/pour faire qc **5 B** 39
  partir pour **4 A** 27
**pousser 7** 57
**prendre**
  prendre qc au sérieux **5 A** 38
  prendre pied **7** 55
  prendre possession de qc **7** 58
**présenter** qn à qn **4 B** 33
**président** *m*/**présidente** *f* **4 A** 27
**prétentieux** *m*/**prétentieuse** *f* °**6 C** 49
**prêtre** *m* °**6 B** 48
**prévoir** °**4 A** 27; **8 A** 65
**prier** qn de faire qc **4 A** 27
**printemps** *m* **7** 55
  au printemps **7** 55
**privé,e 6 B** 48
  école privée *f* **6 B** 48
à tout **prix 6 C** 49
**prochain, -aine 6 B** 48
  A la prochaine! **6 C** 50
**produit** *m* **5 B** 40
  produit de beauté **5 B** 40
**professionnel,le 6 A** 46
  Lycée d'Enseignement Professionnel (L.E.P.) *m* **6 A** 46
**profiter** de qc **3 A** 21,4
**projet** *m* **7** 55
à **propos** de **5 B** 39
**proverbe** *m* °**3 B** 26
**province** *f* **6 B** 47
**publier qc** °**5 B** 39
**punir** qn **5 B** 40

## Q

**que**
autant que **3 A** 18
bien que **8 C** 69
plus que **3 A** 18
pour que **8 C** 69
c'est que ... **8 B** 67
ne ... que **4 B** 31
vous n'avez qu'à faire qc **5 B** 39
**quoi? 5 B** 39
Je ne sais plus quoi faire. **5 B** 40

## R

**raison** *f (Grund)* **4 B** 33
**rapide** *m* **3 A** 18
**réaliser** qc **7** 58
**recevoir** qn/qc **4 A** 27
**reconnaître** qn/qc **3 B** 24
reconnaître qc *(zugeben)* **6 C** 49
**réduire 5 B** 40
**règle** *f* **8 C** 70,2
**régulier, -ière 5 A** 41,1
régulièrement **5 A** 41,1
**religion** *f* **6 C** 53,8
**remercier** qn de qc **4 A** 27
**reportage** *m* **8 A** 65
**reporter** *m* **8 A** 64
**reprendre** *(wiederanfangen)* **8 B** 67
**respecter** qc **8 A** 66,3
**résultat** *m* **5 A** 38
venir en **retenue** *f* °**6 C** 49
**réussir** qc/à faire qc **6 C** 49
**riche 5 B** 39
**risque** *m* **5 A** 38
courir le risque de faire qc **5 A** 38
**robot** *m* °**5 A** 42,4
**roi** *m*/**reine** *f* **2 A** 13
**romantique 5 A** 38
**route** *f*
en route pour **4 B** 31
se mettre en route **4 B** 31
En route! **4 B** 32
route commerciale °**7** 55

## S

**saison** *f* **7** 59,3
**salaire** *m* **6 A** 46
**saluer** qn **7** 57
**sang** *m* **7** 57
**sardine** *f* °**3 A** 23,9
**scolaire 6 A** 46
système scolaire *m* **6 A** 46
année scolaire *f* **6 B** 48
**seconde** *f* **8 B** 67
**secrétaire** *m/f* **4 B** 31
**sentiment** *m* **4 A** 27
se **sentir** bien **3 B** 24
**sérieux, -euse 5 A** 38
prendre qc au sérieux **5 A** 38
**seul,e 4 B** 33
**sévère 6 C** 49
**si**
*(so)* **3 B** 24
*(wenn/falls)* **4 B** 31
**siège** *m* **2 B** 15
**signaler** qc à qn **8 A** 65
**signe du zodiaque** *m* °**7** 59,3
**silence** *m* **7** 56
**simple 2 B** 15
simplement **2 B** 15
**Sire** *(Anrede)* °**7** 61,6
**situé,e 3 A** 18
**social,e** *(plur:* -aux, -ales) **6 B** 47
Foyer Social *m* °**6 B** 47
**soldat** *m*/**soldate** *f* **2 A** 14,1
**soleil** *m* **8 A** 64
**solide 2 B** 15
**souci** *m* **6 C** 49
**sud** *m* **1** 10
au sud de **1** 10
dans le sud de **1** 12,4
**sueur** *f* **8 C** 69
**suite** *f* **8 B** 67
**suivre** qc/qn **5 B** 40
**sûr,e 3 B** 24
**sur** *(von)* **5 B** 40
un jeudi sur deux **5** 37
**surtout 3 A** 19
**surveillant** *m*/**surveillante** *f* °**6 C** 50
**surveiller** qn/qc **8 A** 64
**suspendu,e** °**3 B** 24
**systématique 3 A** 18
systématiquement **3 A** 18
**système** *m* **6 A** 46
système scolaire **6 B** 48
Tu me tapes sur le système! °**6 C** 49

## T

se **taire 7** 57
**taper 6 C** 49
Tu me tapes sur le système! °**6 C** 49
**tapisserie** *f* °**1** 8
**tarot** *m* °**6 B** 48
de **temps** en temps **4 B** 31
**terminale** *f* **6 A** 46
**terminus** *m* °**6 B** 47
**tombe** *f* °**1** 10
**tonne** *f* **8 B** 67
**toucher** qn/qc **8 B** 67
**tous/toutes 7** 55
**tout**
à tout prix **6 C** 49
tout à l'heure *(vorhin)* **3 B** 24
**trait de caractère** *m* **5 A** 41,2
**transporter 7** 56
à **travers 7** 56
**traverser 7** 56
**tribu** *f* °**7** 56
**trier** °**3 A** 19
**trimestre** *m* °**6 C** 49
se **tromper 4 B** 31
se tromper de route **4 B** 31
**truc** *m* **5 B** 39
**tuer** qn **2 A** 14,1
**type** *m* **6 A** 46

## U

**université** *f* **6 A** 46

## V

**vachement** °**4 B** 31
**vélo** *m* **1** 10
en vélo **1** 10
avoir la **vie** facile **6 C** 50
**ville jumelée** *f* **4 A** 27
**visage** *m* **8 C** 69
**visite** *f* **4 A** 28
**voici 4 A** 27
**voile** *f* **3 B** 24
école de voile *f* **4 A** 28
**voix** *f* **6 C** 49
**vol** *m (Flug)* **8 B** 67
**volley**(-**ball**) *m* **4 A** 27
**voyant** *m*/**voyante** *f* °**5 A** 43,5

## Prénoms masculins

Didier **6 B** 48
Jakez **3 B** 24
Jean-Marc **1** 10
Jean-Paul **5 B** 39
Lucien **5 B** 39
Martin **8 A** 64
Nicolas **5 B** 40
Patrick **5 B** 39
Thierry **5 B** 39
Yann **3 B** 24

## Noms de famille

Battesti **8 B** 67
‹Boyer **6** 89›
Crozet **8 A** 64
Duverne **5 A** 42,4
Kerloc'h **3 A** 22,6
‹Lafontaine **7** 93›
Lambert **4 A** 27
Laurent **8 A** 64
Le Borgne **3 B** 26,1
Le Goffic **3 A** 19
Moreau **4 B** 33
Rossi **8 A** 64
‹Soulier **7** 93›
Terrier **6 B** 48

## Noms de villes et de villages

Ajaccio **8 B** 67
Bastia **8 C** 73,7
Bayeux **1** 9
Beaune **4 B** 32
Berne **3 A** 18
Bobigny **5 B** 40
Bonifacio **8 C** 71,3
Boulogne-sur-Mer **3 A** 18
‹Brochon **6** 88›
Caen **1** 10
Calvi **8 C** 72,4
Camembert **1** 10
Carnac **3 A** 23,8
Cercy-la-Tour **4 A** 27
Chicago **7** 56
‹Chinon **2** 76›
Clermont-Ferrand **1** 12,4
Coblence **4 A** 27
‹Compiègne **2** 76›
Concarneau **3 A** 18
Corte **8 C** 71,3
Deauville **1** 9
‹Domrémy **2** 76›
Etretat **1** 9
Gênes **8 C** 72,5
‹Gevrey-Chambertin **6** 88›
Hastings **2 A** 13
Honfleur **1** 9
La Cambe **1** 10
La Nouvelle-Orléans ‹**3** 79›; **7** 55
Le Raincy **6 B** 47
Limoges **1** 12,4
Livarot **1** 10
Lorient **3 A** 18
‹Mayence **6** 89›
Montréal ‹**3** 79›; **7** 60,5
Nanterre **5 B** 40
Nevers **4 A** 27
Ottawa **7** 61,5
Pont-l'Evêque **1** 10
Porto-Vecchio **8 A** 64
Québec **7** 55
Quimper **3 A** 18
‹Rennes **7** 95›
St-Malo **3 A** 18
Sartène **8 A** 64
Vignalella **8 B** 67
Vougeot **4 B** 32

## Noms géographiques

‹l'Alsace *f* **7** 93›
‹la Bourgogne **2** 76›
la Bretagne **3 A** 19
le Calvados **1** 10
le Canada **3 A** 23,9
‹la Champagne **6** 88›
la Corse **3 A** 18
‹les Etats-Unis *m* **3** 79›
‹la Flandre **7** 93›
‹la Franche-Comté **7** 93›
les Grands Lacs **7** 55
l'Illinois *m* **7** 56
‹la Lorraine **2** 76; **7** 93›
la Louisiane **7** 55
‹le Massif central **5** 84›
le Mexique **7** 55
le Mississippi **7** 55
la Montagne de Cagna **8 A** 64
le Morvan **4 A** 28
la Nièvre **4 A** 27
la Normandie **1** 8
la Norvège **2 A** 14,1
la Nouvelle-France **7** 55
le lac Ontario **7** 56
la Rhénanie-Palatinat **4 A** 27
le Rhin **4 A** 27
le St-Laurent **7** 55
‹la Touraine **2** 76›

## Noms divers

‹Charles VI **2** 76›
‹Charles VII **2** 76›
‹Francois 1^er^ **7** 94›
‹Henri IV **7** 93›
Louis XIV ‹**2** 77›; **7** 55
‹Louis XV **7** 93›
Napoléon **7** 58
Philippe Auguste **2 A** 13
Guillaume le Conquérant **1** 10
Harold **2 A** 14,1
Jean sans Terre **2 B** 15
Richard Cœur de Lion **2 A** 13
Bogis **2 B** 15
Jacques Cartier **7** 60,5
‹Alain Delon **3** 79›
Louis de Frontenac **7** 55
‹Martin Gray **8** 96›
Robert Cavelier de La Salle **7** 55
‹Jean-Baptiste Lulli **7** 93›
‹Molière **7** 93›
Nacanapah **7** 56
Roland Oudot **1** 9
Louis Pasteur **6 B** 48
Saint-Guénolé **3 B** 24
Albert Schweitzer **6 B** 48
Henri de Tonti **7** 56
‹Astérix **3** 78›
‹Obélix **3** 78›
‹Panoramix **3** 78›
‹César **4** 82›
‹Marius **4** 82›
‹la Canebière **4** 83›
Château-Gaillard **2 A** 13
la gare Montparnasse **3 A** 21,5
le Mont-St-Michel **1** 8
‹le Parc des Princes **4** 83›
un Viking **2 A** 13
‹Le Figaro **5** 84›

# Lautzeichen

## Vokale

[a] m**a**d**a**me, M**a**rc; wie das deutsche *a*.
[e] caf**é**, mang**er**, regard**ez**; geschlossenes *e*, etwa wie in *geben*.
[ɛ] il f**ai**t, il m**e**t, il **e**st, m**e**rci; offenes *ä*, etwa wie in *Ärger*.
[i] **i**l, l'am**ie**; geschlossener als das deutsche *i*, Lippen stark spreizen.
[ɔ] la p**o**rte, al**o**rs, b**o**l; offenes *o*, offener als in *Loch*.
[o] phot**o**, all**ô**, **au**ssi, plat**eau**; geschlossenes *o*, wie in *Rose*.
[ø] d**eu**x, monsi**eu**r; geschlossenes *ö*, etwa wie in *böse*.
[œ] s**œu**r, n**eu**f, h**eu**re; offenes *ö*, bei kurzem Vokal etwa wie in *Röcke*.
[ə] l**e**, r**e**pas; der Laut liegt zwischen [œ] und [ø], näher bei [œ].
[u] r**ou**te, **où**, bonj**ou**r; geschlossenes *u*, etwa wie in *Ufer*.
[y] t**u**, r**u**e, sal**u**t; ähnlich dem deutschen *ü* in *Tür*.

## Nasalvokale

[ɛ̃] **un**, bi**en**, l**un**di, terr**ain**, vois**in**; nasales [ɛ]
[õ] **on**, s**on**t, n**om**; nasales [o]
[ɑ̃] d**an**s, ch**am**bre, je pr**en**ds; nasales [ɑ]

Die Nasalvokale haben im Deutschen keine Entsprechung.

Beachte: *un, lundi:* Neben [ɛ̃] hört man in Frankreich auch [œ̃] = nasales [œ].

## Konsonanten

[f] **f**rère, **ph**oto; wie das deutsche *f*, in *Fibel, Photo*.
[v] **v**erre, re**v**ue, il arri**v**e; wie das deutsche *w* in *werden*.
[s] **s**œur, bi**s**cuit, **c**'est, **ç**a, ta**ss**e, récréa**t**ion; stimmloses *s*, wie in *Los*; als Anlaut vor Vokal ist *s* immer stimmlos.
[z] chai**s**e, mai**s**on, il**s**‿arrivent, **z**éro; stimmhaftes *s*, wie in *summen*; zwischen zwei Vokalen ist *s* stimmhaft.
[ʒ] **j**e, bon**j**our, **g**éographie; wie *j* in *Journalist*.
[ʃ] **ch**aise; je **ch**er**ch**e; stimmloses *sch*, wie in *schön*.
[ɲ] ma**gn**étophone; etwa wie in *Kognak*.
[ŋ] in Wörtern aus dem Englischen, z. B. campi**ng**, parki**ng**.
[r] **r**egarder, po**r**te, jou**r**; Zäpfchen-Reibelaut; wird auch am Wortende und vor Konsonant deutlich ausgesprochen.

Die nicht erwähnten Konsonanten sind den deutschen sehr ähnlich.
Bei [p], [b], [t], [d], [k], [g] ist jedoch darauf zu achten, daß sie ohne „Hauchlaut" gesprochen werden.

## Halbkonsonanten

[j] b**i**en, fam**ill**e, trava**il**; weicher als das deutsche *j* in *ja*.
[w] **ou**i, t**oi**; flüchtiger [u]-Laut, gehört zum folgenden Vokal.
[ɥ] c**u**isine, je s**u**is, h**u**it; flüchtiger [y]-Laut, gehört zum folgenden Vokal.

# Les régions de la France